KB052670

정치적인 식탁

정치적인 식탁

먹는 입, 말하는 입, 사랑하는 입

초판 1쇄 펴낸날 2019년 9월 20일
초판 3쇄 펴낸날 2021년 2월 1일

지은이 이라영
펴낸이 이건복
펴낸곳 도서출판 동녘

주간 곽종구
책임편집 정경윤
편집 구형민 강혜란 박소연 김혜윤
마케팅 권지원
관리 서숙희 이주원

등록 제311-1980-01호 1980년 3월 25일
주소 (10881) 경기도 파주시 회동길 77-26
전화 영업 031-955-3000 편집 031-955-3005 **전송** 031-955-3009
블로그 www.dongnyok.com **전자우편** editor@dongnyok.com
인쇄·제본 영신사 **종이** 한서지업사

ⓒ이라영, 2019
ISBN 978-89-7297-945-6 (03330)

정치적인 식탁

먹는 입,
말하는 입,
사랑하는 입

이라영 지음

동녘

나의 두 할머니
권순희(1921~2006)
이동춘(1931~2014)
을 생각하며

프롤로그

나의 식탁에 당신을 초대합니다

동네 할머니들이 매주 한 번씩 모여 세미나를 한다고 했다. 세미나 주제가 뭐냐고 물으니 성경에 나오는 음식이란다. 성경과 음식? 다소 의외라는 반응을 보이자 "성경에 먹는 얘기가 얼마나 많이 나오는데" 하며 흥미진진한 표정으로 내 호기심을 자극했다. 생각해보니, 성경을 잘 몰라도 누구나 선악과나 최후의 만찬 정도는 막연히 떠올릴 수 있다. 예수가 보리빵 다섯 개와 물고기 두 마리로 오천 명을 먹였다는 '오병이어' 기적도 유명하다. 뒤늦게《맛있는 성경 이야기》라는 흥미로운 책도 알게 되었다. 음식을 중심으로 성경을 볼 수 있듯이, 문학 작품도 요리를 중심으로 읽으면 그 소재가 무궁무진하다. 인간이 살아 있는 한 먹기를 멈출 수는 없으니까. 제인 오스틴Jane Austen의 소설에는 식탁에서 이루어지는 대화가 많고, 음식이 다채롭게 등장한다. 당시 영국의 차와 요리는 물론 상차림, 아침 식사의 변천 등을 알 수 있다.

배고픔을 해결하고 맛을 느끼기 위해 먹기도 하지만, 인간의 '먹는 행위'에는 그 외의 많은 문제들이 덕지덕지 붙어 있다. 종교적·정치

주디 시카고, 〈디너 파티Dinner Party〉(1977). 한 면에 13명씩. 신화와 역사 속 여성 인물 39명을 기리는 형식으로 한자리에 모이게 했다. 물론 이 식탁도 어디까지나 '미국 여성의 시각'에서 만들어졌다.

적·지리적 환경에 따라 형성된 규칙과 관습이 있다. 예를 들어 성경에도 음식에 대한 규율이 있다. 〈레위기〉11장은 육지와 수중에 사는 '정한 짐승'과 '부정한 짐승'을 세세히 구별하고, 식물과 물도 무엇이 부정한 것인지 알려준다. 이슬람 문화권에는 '할랄'이라는 도축 방식이 있고, 발굽이 갈라지지 않은 네발짐승은 부정한 짐승이라 하여 먹지 않는다. 유교 문화권인 한국에서는 죽은 사람을 위한 밥상에도 '법도'가 있어서 해마다 명절이면 성차별을 관습화하고 있다.

식탁은 때로 배움의 장소다. 예수의 식탁에도, 종교개혁자인 마르틴 루터Martin Luther의 식탁에도 제자들이 붐볐다. 그들은 식탁에서 스승의 '말씀'을 들었다. (그 음식은 누가 만들었을까.) 신화든 종교든 태초에 '말씀'이 있었다. 흔히 '말씀'에는 금지가 포함되어 있다. 하나님이 에덴동산에서 유일하게 금지한 것은 선악과를 '먹지 말 것'이었다. 이브는 이 금단의 열매를 먹었고, 아담에게 권했다. '먹지 않음'으로 순종해야 했는데, 이브는 이를 어긴 셈이다. 단군신화의 웅녀는 삼칠일 (21일) 동안 마늘과 쑥을 먹고, 100일간 햇빛을 보지 않는 극도의 고통을 감내해 사람이 되었다. 이브가 먹지 말 것을 먹어서 벌을 받고 에덴동산에서 쫓겨났다면, 웅녀는 먹어야 할 것을 먹어서 사람이 된다. 고통을 인내하고 명령에 복종한 결과 '사람'이 될 수 있었고, 그 사람은 '여성'의 모습이다. 한국 여성의 근원이 인내심과 깊은 관련이 있다는 점은 해석하기에 따라 그 의미가 달라진다. 호랑이가 인내심이 없어 포기했다기보다 이 규율에 순종하지 않았다고 보는 시각도 있다. 호랑이는 포기한 것이 아니라 인간이 되기를 거부했을 수 있다.

이렇게 '말씀'을 지키는 '먹기'가 있다면, 폭력적 지배를 위한 '먹기'도 있다. 남성들은 여성과의 성'관계'를 은어로 '먹다'라고 한다. 어떤 남성들은 여성을 '먹기' 위해 일명 '강간 약물'을 여성에게 먹인다. 여기에 '관계'는 없다. '먹다', '따먹다'라는 표현은 여성을 하나의 고깃덩어리로 정의한다. 반면 '먹는 여자'는 어떻게 소비되는가. 2016년 반영된 JTBC 예능 프로그램 〈잘 먹는 소녀들〉은 예쁘고 어린 먹는 여자에 대한 포르노적 소비였다. 여성은 먹히거나, 보여지기 위해 먹는다.

먹거리를 기르고, 만들고, 먹고, 치우는 모든 문제가 정치적이다. 밥상 뒤엎는 사람, 밥숟가락을 먼저 들 수 있는 사람, 식사 중에도 계속 움직이며 시중드는 사람, 직사각형 식탁의 가장 '윗자리'에 앉는 사람, 준비된 음식을 앞에 두고 '설교'하는 사람, 제사상의 도리를 입으로만 따지는 사람, 성별에 따라 먹는 입과 노동하는 손의 역할을 구별하기 등 식탁에는 권력이 오간다. 요즘은 '혼자 밥 먹는 남자들'에 대한 사회적 연민이 증가하고 있다. 정치인들은 선거철만 되면 시장에서 어묵을 물고 식상한 메시지를 보낸다.

정유미와 예수정이 출연한 〈그녀들의 방〉. 좋아하는 영화 중 하나다. 커다란 집에 혼자 사는 석희(예수정)는 집을 비울 때 식탁 위에 음식을 정갈하게 차려놓고 문도 잠그지 않는다. 언젠가 집에 쓰러져 있을 때 "배가 고파 담을 넘은 어느 부랑자" 덕분에 살았다고 했다. 그 후 석희는 항상 그가 먹을 수 있는 음식을 차려놓고, 침입을 허가받은 부랑자는 그의 집에 들어와 밥을 먹고 떠난다. 낯선 사람을 집에 들이면 무섭지 않느냐는 언주(정유미)의 물음에 석희는 "나의 죽음이 방치된다는 것은 공포지요" 하고 답한다. 나의 죽음이 홀로 방치되기를 원치 않으니, 잘 차린 한 끼 식사를 내 집에서 낯선 부랑자에게 얼마든지 제공할 수 있다는 그의 태도를 잊을 수 없다. 물론 영화니까.

식탁은 배고픔을 해소하는 장소이며 타인과의 교제가 이루어지는 장소다. "언제 밥 한번 먹어요." 누구나 들어보았을 인사. 또 적어도 한두 번은 누군가에게 이 말을 건넨 적이 있을 것이다. 밥 한번 먹자는 인사를 듣고 아직도 못 먹은 사이도 있다. 처음에는 진짜 먹자는 줄 알았는데, 차차 '그냥 인사'인 줄 알게 되었다. 한 자리에 앉아 밥을 먹는 인연은 참 귀하다. 그렇기 때문에 '아무나'와 그 자리를 함께하고 싶지는 않다. 식탁을 지배하려는 사람과 밥을 먹는 일은 진짜 고역이다. 함께 밥 먹는 행위는 다른 생명을 나눠 먹으며 서로가 연결되는 시간이다. 편하지 않은 사람과는 도무지 맛있게 음식을 먹을 수 없다. 또한 먹는다는 것은 살아 있는 나와 죽은 타자의 만남이다. 다른 대상을 죽이지 않고 나를 먹일 수 없다. 필연적으로 시체와 만난다.

외국에 살면서도 설에는 사람들을 몇 명 초대하거나, 때론 내가 초대를 받아 식사를 하곤 했다. 만두를 빚고, 생선전과 파전을 부치고, 갖가지 예쁜 전채 요리에 어울릴 칵테일과 뱅쇼를 만들어 먹으며 즐긴다. 좋은 대화를 위한 훌륭한 식사의 중요성은 버지니아 울프Virginia Woolf도 강조한 바 있다.

인간이라는 유기체는 실상 마음과 몸, 두뇌가 함께 결합되어 있고, 앞으로 백만 년이나 지나면 모를까 각각의 칸막이 속에 격리 수용된 것이 아니기에, 훌륭한 저녁 식사는 훌륭한 대화를 나누는 데 대단히 중요한 요인이지요.[1]

페미니즘은 관계의 학문이다. 살아가면서 점점 다짐하게 되는 삶의 태도는 '남의 입에 밥 넣기를 주저하지 말고, 내 입으로 죄 짓지 말자'이다. '관계'를 위한 기본이다. 우리는 음식을 나눠 먹으며, 말을 섞으며 연결된다.

제목에 '식탁'이 들어가지만 맛이나 요리에 대한 이야기는 아니다. 그러기에는 요리 실력이 별 볼 일 없고, 음식에 관해 특별한 지식도 없으며, 맛에 대한 수사를 과시할 능력도 딱히 없다. 요리 잡지나 관련 책을 즐겨 보지만, 조리법은 대충 넘긴다. 주로 언제 누구와 먹으면 좋을

지 상상하면서 음식을 눈으로 먹는다. 무엇을, 어떻게, 왜, 누가, 어디에서, 언제 먹었는지에 대해, '먹기'를 둘러싼 인간의 이야기에 더 관심이 많다. 누군가가 해준 음식, 혹은 누군가와 함께 먹은 음식을 기억하는 이유는 단지 음식 맛 때문은 아니다. 결국은 사람을 기억한다. 때로는 장소이기도 하다. 또한 음식을 매개로 그때의 나를 떠올린다. 먹어서 내 몸에 쌓인 기억들, 혹은 역사 속에서, 예술 작품 속에서 간접적으로 만난 먹는 이야기를 이 책에 담았다.

예수도 루터도 아닌 내 식탁에서 뭐 그리 근사한 '말씀'이 오가겠느냐만, 화려하지도 고급스럽지도 않은, 때로 친환경적이거나 '웰빙'과도 거리가 먼, 때로는 분노와 위로가 오가는 '먹는 사람'의 이야기를 적어간다. 이제 여러분을 나의 식탁에 초대합니다.

차례

4장 먹는 입

5장 말하는 입

6장 사랑하는 입

1장

먹는
여자

브런치 먹는 된장녀

영화 〈티파니에서 아침을〉의 정확한 제목은 〈티파니에서 아침 식사를Breakfast at Tiffany's〉이다. 오드리 헵번Audrey Hepburn이 연기한 홀리 고라이틀리는 뉴욕의 5번가 티파니 본점 앞에서 유리 진열장을 들여다보며 매일 아침을 먹는다. 검은 원피스를 입고 번쩍이는 보석을 두른 채 커피와 크루아상을 들고 티파니 매장을 들여다보는 장면은 유명하다. 그는 티파니의 보석을 동경하듯이, 대놓고 상류사회를 동경한다. 어쩌면 홀리는 '원조 된장녀'일지도 모른다.

2017년 11월 10일, 바로 오드리 헵번이 매일 아침 식사를 하던 이 뉴욕의 티파니 본점에 카페가 생겼다. 티파니의 상징인 연한 푸른색으로 인테리어가 된 '블루박스 카페'가 빌딩 4층에 마련되었다. 홀리처럼 커피에 크루아상을 먹을 수도 있고, 아니면 '된장력'을 높여 얼마든지 더 화려한 식사도 할 수 있다. 접시와 테이블도 '티파니 색'으로 디자인되어 있다. 구매보다는 체험형이 늘어나는 오늘날의 소비 형태를 겨냥한 마케팅으로 보인다. 장소를 즐기며 먹는 데 돈을 쓰는 경향도 경험을 소비하는 태도다. 물론 29달러를 주고 크루아상과 커피를 마신 사람들이 티파니에서 보석까지 구매하게 될지는 알 수 없지만.

미국이나 유럽에서 가끔 오래된 저택에 가면 '아침 식사' 전용 공간을 본다. 만찬이 가능한 넓은 공간과 샹들리에가 달린 화려한 다이닝룸과 달리, 브렉퍼스트룸은 더 작지만 햇빛이 따뜻하게 들어올 수 있도록 창문이 넓다. 끼니마다 밥 먹는 장소가 다르다니. 오, 이건 정말 내가 바라는 삶이잖아. 만들고 치우는 걱정만 안 한다면!

토요일에는 주로 아침 늦게 일어나 밥을 먹으러 '나간다'. 이번에는 어디를 갈까. 대도시에서는 이집 저집 찾아다니는 재미가 쏠쏠하다. 한편 작은 마을에서는 바닥이 너무 뻔해서 찾아다니는 재미는 덜하지만, 단골이 되는 기쁨도 있다. 척하면 척. 주문할 필요 없이 직원의 인사와 함께 커피가 테이블에 놓인다. 계란은 언제나 수란이다. 홀란데이즈 소스가 올라간 에그 베네딕트나 에그 플로렌틴을 먹을 때 느끼는 편안함은 포기하기 싫은 일상의 기쁨이다. 금요일 저녁에 맥주 한두 잔 걸치고 영화 보고 잠든 뒤, 토요일 느지막이 일어나 계란 노른자와 버터가 섞인 진한 소스 맛을 보러 나간다. 때로는 외국 음식이 현지화되는 모습도 재미있다. 예를 들어 계란이 많이 들어간 프랑스 요리 키슈 로렌은 프랑스에서와 달리 미국에서 아침 메뉴로 자리 잡았다. 한국 음식의 영향을 받은 미국의 한 브런치 식당은 김치가 들어간 핫케이크도 아침 식사 메뉴였다. 거의 김치전 맛이었다.

"브런치 먹으러 다니는 아줌마들 재수 없어"라는 말을 직접 들은 적이 있다. 브런치 먹으면 '된장녀'라고 한다. 내가 그 '브런치 먹으러 다니는 아줌마'다. 왜 재수가 없을까. '브런치 먹는 여자'에 대한 감정은 돈을 주고 밥을 사 먹는 사치한 여자라는 인식과, 가정을 내팽개친 불량 주부의 이미지가 한몫한다. 브런치 먹으러 '나가는' 여자는 집안에서의 전통적인 성 역할에 걸맞지 않기에 그들을 못마땅하게 바라본다. 밖에 나와 아침도 점심도 아닌 밥을 먹는다는 것은 곧 집에 처박혀 있지 않는다는 뜻으로 받아들여지기 때문이다. 남자는 밖에 나와서 '여자 끼고' 술을 마셔도 근무의 연장이지만, 여자는 밖에서 밥만 먹어도 노는 여자다. 아침 해장국은 노동자 서민의 밥상이고, 브런치는 사치한 된장녀의 밥상이다. 노동자의 남성적 이미지와 소비의 여성적 이미지라는 편파적인 구도가 이런 관념을 만든다.

역사적으로 식당은 여성에게 관대하지 않았다. 미국의 경우, 초기 여성운동 당시 여성들은 '혼자 식당에서 저녁 식사를 할 권리'를 얻기 위해서도 싸워야 했다. 남성 보호자를 동반하지 않고 여성이 '밖에서 밥을 먹기'는 어려웠다. 여자가 식당에서 밥을 먹는 행동은 정숙하지 않은 태도였다. 여성들은 주로 집에서 집으로 방문하며 차를 마시거나, 가족을 동반한 저녁 초대에 참석하는 정도였다. 여성이 남자 없이 식당에서 밥을 먹으면 '소문의 대상'이 된다. 수군수군.

《코스모폴리탄Cosmopolitan》편집자였던 헬렌 걸리 브라운Helen Gurley Brown은 1969년에 펴낸《독신 여성의 요리책Helen Gurley Brown's Single Girl's Cookbook》에서 "브런치는 독신 여성들이 삶을 즐기는 아주 좋은 방식"임을 강조했다. 브라운의 경우 '립스틱 페미니스트'라고 비판받기도 했지만, 그렇게 단순히 이름 붙일 일은 아니다. 브런치가 뭐기에? 미국에서는 1930년대부터 브런치 문화가 번성하기 시작했다. 당시 보통 오전 11시에서 오후 3시까지 가능했던 이 브런치 식사는 여성이

'밖에서 밥 먹기'를 통해 스스로 '해방된 여성'임을 드러낼 수 있는 수단이었다. 또한 꼭 저녁이 아니더라도 푸짐한 식사를 가능하게 만드는 브런치 메뉴는 돈과 시간을 절약했기 때문에 여성이 밖에서 밥을 먹는 데 일조했다. 오늘날에도 미국에서 '어머니의 날'에 브런치 특별 메뉴를 내놓는 식당들이 많은 이유다.

미국의 가장 풍요로운 시절을 상징하는 1950년대를 배경으로 한 영화 〈캐롤Carol〉에서 테레즈(루니 마라)와 캐롤(케이트 블랑쳇)이 함께 하는 첫 식사는 브런치다. 브런치 메뉴에 익숙하지 않은 듯 테레즈는 머뭇거리고, 캐롤은 자연스럽게 마티니와 에그 플로렌틴을 주문한다. 잉글리시 머핀 위에 햄이나 소시지, 데친 시금치가 올라가고 그 위에 수란이 얹어진 뒤 노란 홀란데이즈 소스가 흘러내리는 요리다. 이 장면은 캐롤의 경제적·문화적 위치를 보여준다.

브런치 먹는 여자는 재수 없고, 아침 식사 못 얻어먹는 요즘 남자들은 불쌍하다고 한다. (왜 이렇게 남자들은 수시로 불쌍한가.) 남자라면 결혼 후 아내에게 아침밥 얻어먹는 '로망'이 있다고 말한 연예인도 있다. '아들 같은 젊은 남자들'에게 감정이입한 여성은 편의점에서 아침 사 먹고 길에서 토스트 먹는 요즘 남자들을 보면 안쓰럽다고 한다. 결혼에 대한 동상이몽. 많은 여성이 배우자와 함께 장 보고 함께 식사를 준비하길 원한다면, 남성은 밥상 받을 생각부터 한다.

남자들은 '국 있는 아침밥'에 왜 이리 집착할까. 하루 세 끼 중에서 유난히 '아침밥'에 목을 매는 이유는 그들이 집에서 먹는 밥이 아침밥이기 때문이다. 많은 직장인들이 일주일에 두어 번만 집에서 가족과 저녁을 먹는다. 하지만 '탁현민 식으로 말하자면' '원나잇'을 해도 남자는 새벽에 아내가 있는 집으로 들어와야 한다. 아내는 엄마니까. 그리고는 아침밥을 요구한다. 남편은 아내가 차려주는 아침밥을 통해 '대접받는다'고 느끼며, 심지어 어떤 사람은 이를 '가장의 자존심'이라고까지 한다. 이는 어느 정도 미디어가 주도한다. 미디어는 젠더에 대해 현실보다 한 발짝 앞서 나가기는커녕, 오히려 반동적인 면이 있다.

앞치마를 두르고 따뜻한 국을 끓이며 정갈하게 아침 식사를 준비하는 여자, 면도하고 넥타이를 매며 출근할 준비를 하는 분주한 남자. 이는 미디어에서 전형적인 가정의 모습으로 그려진다. 출근할 때 여자가 남편의 옷 입기를 도와주고 넥타이를 매만져주면서 사랑스럽고 순한 표정으로 배웅하는 모습까지 있어야 완벽하다. 이러한 그림은 밖에서 '일하는 남자'와 집에서 '기다리는 여자'라는 구도를 설정한다. 여자가 '역할'을 제대로 하는지 못하는지 검증하는 대표적인 질문이 "(남편에게) 아침밥은 차려주느냐"다. 집 밖으로 출근하는 여성들도 아침밥을 꼭 챙겨주고 나오는 경우가 많다. 아침 식사 챙기기는 돌봄의 상징이다. 식구들보다 일찍 일어나 건강한 아침 식사를 챙겨주는 부지런한 '우리 어머니들'의 모습을 아름답게 그린다.

아침밥을 꼭 먹어야 한다면 꼭 먹으면 된다. 아무도 말리지 않는다. 나도 아침밥을 꼭 먹어야 해서 아무리 늦게 일어나도 뭐든 입에 넣는다. 제 손으로 차려 먹으면 된다. 누군가 차려주면, 고마운 것이지 당연하게 요구할 일은 아니다. 평생 먹을 밥을 여자에게 적금 들어놓은 것도 아니지 않은가.

감자탕과 김치녀

파리에서 어느 날 감자탕을 먹으러 가자는 친구의 전화를 받았다. 파리에 감자탕을 먹을 수 있는 식당이 있을 줄이야. 급한 호기심에 따라 나섰다. 파리 지하철 7호선을 타고 북동쪽으로 올라가면 중국인과 베트남인이 많이 사는 동네가 있는데, 그 근처의 한국 식당에서 감자탕을 팔았다. 소주는 그냥 준다고 했다. 감자탕 맛이 원래 어떤 맛인지도 기억나지 않던 상태라 무조건 맛있었다.

음식 솜씨가 있고 바지런한 사람들은 직접 뼈를 사다가 감자탕을 만들기도 했다. 중국인이 운영하는 마트에 가면 1유로에 돼지뼈를 잔뜩 얻을 수 있다는 말도 들었다. 뼈로 국물을 우려내는 음식이 한국처럼 많지 않은 프랑스에서는 고기뼈를 대부분 버린다. 나는 직접 만들어 먹을 정도로 감자탕을 그리워하지는 않았다. 그런데 이상하게도 인천공항에 내리면 얼큰한 고기 국물이 먹고 싶어져 가족들과 감자탕을 먹으러 여러 번 식당으로 직행했고, 감자탕은 자연스럽게 가족 상봉 음식이 되었다.

이렇게 나름 좋아하는 음식인데, 이 감자탕이 '개념녀'의 판단 기준으로 활용된다는 사실을 알고 난 후 감자탕에 대한 상념이 시작되었다. 도대체 감자탕은 어떤 '개념'을 풀어서 만든 음식이기에.

나는 병천이 형한테 그동안 술 얻어먹은 것 염치도 없고 하니
그런 날 저녁에는 소주에다 감자탕이라도 사야겠다고 생각한다.
— 안도현, 〈나의 경제〉에서

시인에게 감자탕은 최소한의 염치를 표현하는 음식이다. 이런 염치를 말하는 것일까. 아니면 가격이 서민적인가. 가격을 생각하면 아마 파리에서 1유로에 뼈를 사서 직접 만든 감자탕이 가장 '개념' 가득한 음식일 텐데. 아, 그런데 파리에 있으면 개념녀의 자격을 상실하겠구나.

대체로 전설처럼 퍼지고 있는 '개념녀 음식'이란 '서구'의 탈을 쓰지 않은 음식이다. '차도남'이 등장하는 한 로맨스 소설에서는 '의외의 여성'임을 표현하는 방식으로 감자탕 잘 먹는 여자를 내세운다. 남자는 여자에게 감자탕을 사주며 순댓국은 먹는지 묻고, 족발과 보쌈, 막창과 곱창에 대한 질문으로 이어진다. 여기서 여자는 이 모든 음식을 좋아함은 물론이고 스스로 닭발과 돼지 껍질까지 읊어댄다. 남자는 이 여자에게 묘한 흥분을 느낀다. 이와 같은 장면은 드라마를 비롯해 대중문화에서 여자를 시험하기 위한 장치로 종종 나타난다.

이러한 흥분은 때로 파스타를 말아 올리는 여자에 대한 혐오와 짝패를 이룬다. 여성에 대한 혐오는 괴상한 애국주의로 둔갑한다. 속박

당하는 '종족' 치고 마음대로 먹는 존재는 없다. 음식이란 개인에게 침투하는 가장 평범한 외부 문화다. 다른 문화가 여성의 몸에 쌓이는 것을 막기 위해 기필코 비싸지도 않은 파스타를 감자탕 혹은 순댓국의 대립항으로 만든다.

나라 밖을 돌아다니는 여자나 나라 안에서 '외부' 음식을 즐기는 여자는 오염된 여자다. 여기서 '외부' 문화에 대한 기준은 물론 'GDP 차별주의'에 입각한다. 파스타 먹으면 '김치녀'가 되지만 쌀국수 먹는다고 '김치녀'가 되지는 않는다. 또한 결혼 이주 여성들이 한국에서 김치를 담그고 된장국을 끓이는 기본적인 관문을 넘어야 '한국 사람 다 되었다'고 인정한다. 이 여성들은 자국 남성들에게 어떤 말을 들을까.

한국판 위키 사이트 '나무위키'에서 '김치녀'의 정의는 '권리는 챙기려고 하면서 의무는 안 한다'로 요약된다. 특히 젊은 남성들 사이에서 신앙처럼 굳건한 믿음으로 성장하는 의식이다. 예를 들어 대중교통에서 임산부석이 따로 생기면 여성의 특권처럼 인식하지만, 여성이 명절 노동을 거부하면 의무와 도리를 다하지 않은 것으로 취급한다. 인간이라면 마땅히 누려야 하는 아주 기본적인 권리가 여성의 '특권 챙기기'가 되고, 성차별에 해당하는 성 역할 거부가 여성의 '의무' 불이행이 되는 것이다. "여자는 권리의 매개자에 불과하며, 그 보유자는 아니다"[2]라는 문장을 '김치녀'의 정의에서 상기하게 될 줄이야.

인류의 긴 역사 속에서 남자들은 언제나 여자가 '있기'를 원하지만, 여자가 사람이 '되기'를 원하지는 않았다. 한때는 여자'를' 끼고 남자가 커피를 마셨는데, 이제 그 여자들'이' 제 손으로 커피를 제 입에 넣고 있다. 김치나 된장처럼 어느 집 구석에 가만히 처박혀 있어야 하는

데 '김치녀'나 '된장녀'는 '지가 사람인 줄 알고' 함부로 권리를 말한다.

이브가 선악과를 '먹은' 행위 자체가 '말씀에 대한 거역'이라 문제였듯이, 음식이 들어오고 말이 나가는 입은 욕망의 회로이기 때문에 피지배자가 가장 기본적으로 통제받는 신체 기관이다. '앵두 같은 입술'이어야 할 여자들의 그 입, 주어가 아니라 목적어인 그 입, 그 주둥이가 다른 세계를 여행하고 있으며 너무 많은 말을 뱉어낸다고 생각하기에 온 사방에서 이 입을 증오한다. 여자의 입술은 '훔쳐야' 하는 장식물이지만, 입에서 나오는 말은 막아야 한다.

여성은 사람이기보다는 벌레로 변태하기가 더 쉽다. 어차피 뭘 해도 발효식품으로 조롱받다가 궁극에는 벌레가 된다. '메갈충'이나 '낙태충', '맘충'처럼. 프랑스의 소설가 앙리 드 몽테를랑Henry de Montherlant은 1922년에 발표한 《꿈Le Songe》에서 "애인의 팔에 연체동물처럼 매달려 산책하는 여자들은 위장한 커다란 괄태충(민달팽이)과 같다"[3]고 묘사했다. 여성의 '충' 되기는 하루 이틀이 아니다. 누가 '김치녀'이고 '된장녀'인지는 중요하지 않다. '원래' 유대인은 탐욕스럽듯이 '원래' 여자들이란 허영 덩어리다. 해석의 대상은 '김치녀'가 아니다. 누가 유대인을 탐욕스럽다고 부르며, 누가 여성을 '김치녀'라고 호명하는가가 문제다.

먹는 입, 말하는 입, 섹스하는 입, 이렇게 세 가지 중에서 여성의 입은 주로 한 가지 영역, 즉 섹스하는 입에서 '수동적 쓸모'를 허락받는다. 밥은 동물적 힘이며 말은 정치적·지적 자유다. 여성의 밥과 여성의 말이 억압당하는 방식은 같은 맥락에 있다. 힘과 자유의 박탈이다. 여성은 먹는 입에도 말하는 입에도 속하지 못한 채, 만드는 손으로서

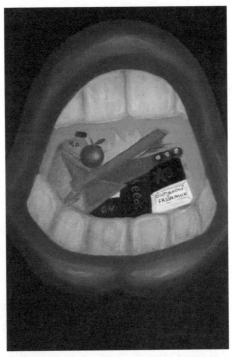

베라 믈리아 셰리프, 〈여자의 입Mouth of a Woman〉. 셰리프는 말
라위 출신의 작가이며 미술사가로서 여성주의에 기반한 작업
을 한다.

얼굴 없이 우두커니 있다. '김치녀'라고 조롱하면서 그들의 입에 들어
가는 커피를 경멸하고, 입에 들어가는 파스타를 싫어하며, 프랜차이
즈 샐러드 바에서 이것저것 집어 먹는 그 입들을 혐오하지만, 그 수많
은 '김치녀'들이 김치를 만들어주길 바란다. 그러니 여성은 일단 먹
는 입의 권리와 말하는 입의 권리가 필요하다. 이것이 '인간되기'의

정치 활동이다.

　발효식품이 없는 나라가 어디 있겠느냐마는, 유난히 발효식품을 한국 음식의 특징으로 꼽더니 어느덧 여성들도 발효식품으로 만들어버렸다. 유산균은 면역력을 높여준다. 김치/녀와 된장/녀가 많으면 사회가 건강해지겠네. 먹으면서 말하고 말하면서 먹는 입들의 발광이 이 사회의 면역체다.

　어느 24시간 뼈다귀 감자탕 식당 앞을 지나다가 유리문에 붙은 '아줌마 구함'을 보았다. 근무시간은 12시간, 한 달에 두 번 쉰다. 월 180만 원. 시간당 5357원인 셈이다. 2017년 당시의 기준으로 최저임금은 6470원이다. 감자탕과 개념녀를 연결시킬 게 아니라, 감자탕을 만드는 손이 최저임금도 받지 못한다는 사실을 직시하길.

살 빼야 하는데

2014년 tvN에서 방영하는 〈코미디 빅리그〉의 '사망토론' 코너에서 "유학 갔다 돌아온 여자친구 전지현, 몸무게가 120킬로그램이 되었다면?"이라는 주제가 등장한 적이 있다. 여성의 몸은 그 자체로 논쟁의 대상이다. 50킬로그램이었던 여자친구가 1년 후 120킬로그램이 되어 돌아왔다면 남자 입장에서 과연 헤어져야 하는가, 계속 만나야 하는가를 놓고 가상 토론을 벌이며 방청객에게 질문도 한다. 한 남성 방청객이 계속 만난다고 답하자, "50킬로에서 120킬로가 되었는데도 계속 만난다고?" 하며 개그맨은 방청객에게 되묻는다. "자기 꼬라지를 아는 모양이지, 뭐"라고 하면서 헤어지지 않는다는 남성을 조롱한다. 뚱뚱한 여자를 만나는 남자는 '꼬라지'가 훌륭하지 않다고 무시를 당한 꼴이다. 게다가 정작 그 뚱뚱한 여자의 의견은 안중에도 없다.

120킬로그램은 아니더라도 나도 유학 생활 동안 50킬로그램 초반의 몸무게가 10킬로 정도 늘어서 60킬로그램을 넘긴 적이 있다. 60킬

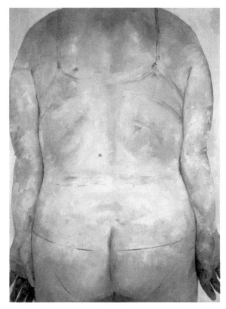

제니 사빌, 〈흔적Trace〉(1993~1994). 제니 사빌은 누드화에서 보여주는 통념적인 아름다움으로부터 벗어난 여성의 몸을 캔버스에 가득 채워 보여준다.

로그램이 별 게 아니라는 사실을 알았다. 참고로 나는 키가 164센티미터이니 몸무게 60킬로그램은 결코 비만에 해당하지도 않는다. '뚱뚱'까지는 아니지만 더 이상 날씬하지 않은 상태가 되자 한국에 돌아오고 나서 "살쪘네", "프랑스에서 버터를 많이 먹었나 보다", "아직 결혼도 안 했는데" 등의 소리를 들었다. 내 몸의 현실은 옷을 사러 가면 더욱 명확해졌다. 여유 있게 입던 55사이즈가 불편해져서 66사이즈를 입으려니 고를 수 있는 폭이 줄어들었다. 고작 66사이즈인데?

2014년 3월 12일 방송된 MBC 〈황금어장-라디오스타〉에는 가수 소녀시대 멤버들이 출연했다. 그중 티파니의 별명과 몸무게가 공개되었다. 핑크색을 좋아하는 티파니가 워낙 잘 먹어서 '핑크 돼지'로 불리는데, 그는 48킬로그램으로 멤버들 중 몸무게가 가장 많이 나간다고 한다. 조금의 군살도 용납하지 않는 여자 아이돌의 세계에서 잘 먹는 48킬로그램의 가수는 '돼지'라는 별명이 붙는다. 물론 겨우 48킬로그램의 여성이 듣는 '돼지'라는 별명은 그다지 비하의 목적이 담긴 표현은 아니다. 다만 이 사회가 여성의 살에 얼마나 민감한지 알 수 있다. 여성 연예인, 특히 젊은 여성일수록 다이어트는 투철한 직업정신으로 요구되는 항목이다. 그렇지 않으면 금세 '자기관리'를 놓고 누리꾼들 사이에서 논란의 대상으로 떠오를 수 있다.

여기서 언급해야 할 또 다른 요소가 있다. 아무나 자신이 잘 먹는다고 스스럼없이 말하거나 '돼지'라는 별명을 스스로 거리낌 없이 붙일 수 있는 것은 아니다. 나는 실제로 잘 먹고, 먹기를 좋아하는 사람이라서 잘 먹는다는 말을 예전에는 아무렇지 않게 했다. 그런데 언제부터인가 의구심이 생겼다. '잘 먹는 나', 그러나 '뚱뚱하지 않은 나'에 대해 안심하기 때문에 할 수 있는 말이었다. 나는 아무리 먹어도 "먹는 거 다 어디로 가고 살이 안 쪄?"라는 말을 들을 뿐이다. 내가 의도하건 의도하지 않았건, 나는 '잘 먹는 나'에 대해 별 의식 없이 살아도 된다는 점이 중요하다. 깨작거리지 않고 왕성하게 잘 먹지만 살은 안 찐 여자를 뭔가 만족스럽게 바라본다. 여기서 조금만 변태적으로 나아가면 바로 JTBC 예능 프로그램 〈잘 먹는 소녀들〉 같은 것이 만들어진다. 살이 조금 찌자 달라진 태도를 금세 인식할 수 있었다. 내가 52킬로그램일 때 "먹어도 왜 살이 안 쪄"라고 말하던 목소리는 내가 60킬로그램이 되자 "그렇게 먹으니까 살이 찌지", "먹으면서 운동은 안 해", "나 잇살은 못 속여"라는 말로 바뀌었다.

사람을 만나면 일단 외모에 대해 언급하는 태도가 일종의 '인사'나 다름없다. "살 쪘네", "살 빠졌다" 혹은 "나 살쪘지?"라고 먼저 묻기도 한다. 많은 여성들이 음식을 앞에 두고 "살 빼야 하는데"라는 말을 습관처럼 뱉는다. 한때는 같이 밥 먹는 사람이 자꾸 이런 소리를 해서 속으로 무척 짜증스러웠다. 게다가 나보다 훨씬 날씬하면서! 다이어트 이야기는 지겹다. 적지 않은 여성들이 먹기와 살 빼기 사이에서 불필요한 죄책감을 강요받는다. 반복적으로 "살 빼야 하는데"라고 말하며 숟가락을 들고 음식을 먹는 행동은 '먹기'에 대한 죄책감 속에서 일종의 고해성사나 다름없다. 살이 '있다'는 사실은 많은 부정적 편견을 끌어온다. 게을러, 둔해, 먹는 걸 밝혀, 자기관리 안 해, 연애 안 하나봐……. 요즘은 '쿵쾅쿵쾅'도 있다. 뚱뚱한 페미니스트가 열 받아서 쿵쾅쿵쾅 달려온다나 뭐라나.

키와 무관하게 몸무게의 앞자리 숫자를 '4'로 맞추기 위해 애쓰는 여성들도 많다. 여자의 몸/무게는 나이와 함께 적을수록 높게 평가받는다. 뚱뚱한 여성이 예쁘게 보이더라도, 뭔가 더 예뻐질 수 있는데 불필요한 살이 미모를 가리고 있어 안타깝다는 듯 "살 빠지면 더 예쁘겠네"라고 한다. 마치 나이 든 여성에게 "젊었을 때 미인이셨겠다"라고 하듯이. '젊고 날씬함'의 범주를 벗어나면 '아쉬움'이 있는 몸이 된다. 뚱뚱하고 늙은 여성은 '여성'이 아니다. 날씬함은 여성의 사명, 365일 살과의 전쟁에 내몰리는 여성이 한둘이 아니며, 다이어트에서 자유로

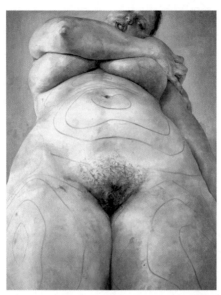

제니 사빌, 〈계획Plan〉(1993). 여성의 몸은 부위별로 숫자를
따져 재단된다.

운 여성은 많지 않다.

몸을 옥죄는 사회의 시선 때문에 여성은 자신을 실제보다 훨씬 더
뚱뚱하게 여긴다. '날씬하지 않으면' 곧장 '뚱뚱한' 모습으로 직행하는
몸에 대한 상상은 지극히 사회적인 현상이다. 이 사회적 살은 아무리
다이어트를 해도 사라질 줄 모른다. 바디 쉐이밍Body shaming, 곧 여성이
자신의 몸에 수치심을 갖게 해 자기 몸을 끝없이 부정하고 고쳐야 할
몸으로 인식하게 만든다. 잘못된 몸. 머리가 크다, 이마가 좁다, 사각
턱이다, 매부리코다, 눈이 작다, 눈 사이가 멀다, 코가 낮다, 입이 너무

크다, 광대뼈가 너무 튀어나왔다, 피부가 안 좋다, 눈이 찢어졌다, 볼살이 너무 붙었다, 이중턱이다, …… 오! 아직 목 아래로 내려오지도 않았는데 지적질 할 거리가 끝이 없다.

이렇게 여성의 몸에 들이대는 숨 막히는 기준 속에서 자신이 뭔가 고쳐야 하는 인간이라는 생각이 강해진다. 이때 스스로 통제할 수 있는 것이 바로 '먹기'다. 제 몸을 숫자로 보듯이, 음식도 칼로리를 기준 삼아 숫자로 환원한다. 그 숫자들이 모두 제 몸에 추가된다고 생각하니 먹는 게 부담을 주지만, 식욕을 참는 일도 스트레스를 추가한다. 거식과 폭식을 오가며 죄책감만 쌓인다. 먹는 일이 힘들어지니 인간관계도 위축된다.

남성의 섭식장애는 노화로 인해 70대 이후에 늘어난다면, 여성의 섭식장애는 오히려 젊은 시절에 집중되어 있다. 20대 여성의 섭식장애는 또래 남성보다 9배 높다. 한때 먹으면 토하기를 반복하던 친구는 어느 날 크루아상 12개를 먹었다며 눈을 내리깔고 어두컴컴한 얼굴로 나타났다. 그는 또 죄책감에 시달렸다. 남은 크루아상은 다 버렸다. 한번은 밤중에 누텔라를 통째로 들고 마구 퍼먹었다고 한다. 또 죄책감이 찾아온다. 남은 누텔라는 다 버렸다. 그는 자신의 몸을 혐오하고 먹는 몸에 벌주기를 반복했다. 자존감을 가지라고? 온 세상이 여성의 몸 구석구석을 물어뜯으며 문제 덩어리로 만드는 사회적 배경을 모른 척한 채 개인에게 자존감을 가지라고 말하는 것은 기만이다.

여성의 섭식장애를 바라보는 시선 중에는 '불임'에 대한 걱정도 크다. 이 또한 여성의 몸을 재생산의 몸에 가두어놓고 걱정한다는 점에서 한계를 보여준다. 무월경, 불임, '성격 나빠진다', '심하면 죽는다'

등 섭식장애의 결과를 강조할 뿐, 왜 유독 젊은 여성에게서 이런 현상이 나타나는지에 대해 그 밑바닥의 문제를 적극적으로 바라보지 않는다. 섭식장애는 청소년과 20대 여성에서만 발생하는 것이 아니라 이제는 초등학생, 그리고 평균 수명이 길어지면서 40대 여성도 늘어나는 추세다. 삶이 길어졌다는 것은 여성에게 다이어트의 시간도 함께 늘어났다는 뜻이다.

음식이 되어버린 여성들은 정작 음식을 마음대로 먹지 못한다. 누군가는 또 밥상 앞에서 탄식한다. "살 빼야 하는데."

고기를 거부하는 사람들

사람들을 초대해놓고 수육을 삶으려다 퍼뜩 한 가지 기억이 떠올랐다. 손님 중 한 사람이 채식주의자다. 혹시 유제품과 계란은 먹는지 물어보는 메일을 보냈다. 다행히도 그는 '강경한' 채식주의자는 아니어서 해산물도 먹는다고 했다. 딱 한 번 봤는데 자신이 채식주의자임을 내가 기억하고 있다는 사실에 굉장히 놀랐는지 거듭 고마워했다. 고마운 쪽은 나였다. 해물을 먹을 수 있다면 고기를 먹지 않아도 초대 음식을 만드는 데 별 문제가 없다. 혹시 해물도 유제품도 먹지 않으면 나의 변변치 않은 솜씨로 뭘 만들 수 있을까 고민했었다. 마트에 늙은 호박이 굴러다니는 가을이었다. 나는 해물호박찜을 하기로 했다. 커다란 호박을 사서 오븐에 살짝 익힌 뒤 위에 구멍을 내고 속을 파냈다.

5년간 채식을 해온 R에게 "나는 계속할 자신이 없어서 ……"라고 했더니, 그는 "그렇게 생각하면 못해요. 난 그냥 오늘 안 먹었을 뿐이에요. 그게 어느새 5년이 지났고요"라고 했다. 이 말에 조금 용기를 얻었다. R의 경우는 정치적인 동기에서 채식을 시작했다. 공장제 축산을 거부하기 위해 자신이 택한 작은 실천이라고 했다. 내가 보기에는 전혀 '작은' 실천이 아니다. 채식의 동기는 다양하다. 나의 또 다른 친구는 어릴 때 어른이 수저를 들기 전에 먼저 고기반찬에 손을 댔다가 혼난 기억이 있다. 그 후로 고기에 손을 대지 않았다고 한다. 정치적 동기가 아니라 상처받은 후유증으로 고기를 거부한 경우다. 25년 정도 채식을 하던 그는 출산 후 이유식을 만들어 아이에게 먹이는 과정에서 자연스럽게 고기를 먹는 사람이 되었다. 주로 남을 먹이는 역할을 맡은 여성들이 채식을 할 때 겪는 문제 중 하나다.

전에는 닭요리를 할 때 우유에 살코기를 재워두곤 했다. 지금은 더 이상 우유에 닭을 재우진 않는다. 닭살을 소젖에 재울 때마다 기분이 이상했다. 이렇게까지 하면서 더 맛있게 먹을 필요가 없어 보였다. 나는 딱히 채식을 실천하거나 이에 대해 강한 의견을 내는 사람이 아니다. 내가 실천을 못하니 양심상 의견을 잘 내지 못한다. 나 혼자 먹을 때는 고기를 잘 안 먹지만, 다른 사람과 식사할 때는 다 먹는다. 혐오 식품이거나, 너무 어린 동물, 살아 있는 회, (내가 아는 범위에서) 기르고 도축하는 과정에 문제가 있는 정도가 아니면 적당히 먹고 즐긴다. 게다가 종종 나의 호기심은 윤리를 무찌른다. 미국 남부 루이지애나주에 갔더니 악어 꼬리 고기를 먹을 기회가 있었고, 나는 그 기회를 누렸다. 한 번만 먹지 뭐, 이렇게. 익은 악어 살은 흰색이었다.

붉은 고기를 딱히 즐기지 않다 보니, '어차피 나는 고기 잘 안 먹는다'는 생각 때문에 오히려 육식에 대해 조금 안일한 태도가 있는 편이다. 비건 식사를 한 적도 있는데, 조금 부지런히 식사 준비를 해야 하는 것만 빼면 입맛에는 크게 문제가 없었다. 왜 나는 붉은 고기를 덜 좋아할까. 혼자 생각해본 적이 있다. 맛 때문은 아니다. 나는 립과 돼지갈비를 좋아하고, 프랑스에서 이런저런 기회로 여러 '부위'를 맛볼 때 분명히 즐겼다. 미식의 도시로 불리는 프랑스 리옹에서 먹었던 소 혀 요리의 부들부들한 식감은 여전히 나의 혀가 기억한다. 모순되게도, 동물을 좋아하지만 먹을 때는 그들을 잊고 하나의 '고기'로 대하며 먹는다. 생각해보니, 고기의 형체가 사람에서 멀어질수록 내가 덜 불편하게 먹는다는 사실을 깨달았다. 육고기보다는 흰 살인 가금류, 가금류보다는 생선을 찾는다. 반면 육고기를 좋아하는 남편은 토막 나지 않은 채 올라온 생선이나 멸치를 싫어한다. 몸 전체가 다 보여서 못 먹겠단다. 고기가 되기 전, 본래의 몸뚱이를 보면 먹기 괴롭다고 했다. 어쨌든 공통점은 동물을 먹을 때 '인간과 먼 고기'로 대하고 싶어 한다는 점이다.

채식, 생태, 동물권 등에 대한 페미니스트의 관심은 우연이 아니다. 여성과 자연, 여성과 동물이 '비인간'으로 지배받고 착취당하는 방식에 공통점이 있기 때문이다. 캐럴 J. 아담스Carol J. Adams의 책《육식의 성정치The Sexual Politics of Meat》는 "동물 억압과 여성 억압이 긴밀하게 결합되어 있는 방식"을 다뤘다. 2017년 한 남성이 여자친구의 반려견을 우산으로 때려 죽인 사건이 있었다. 물화된 생명은 쉽게 분풀이 대상이 되고 학대당한다. 사창가를 '정육점'이라고 부르는 이유는 단지 조명 색깔 때문만은 아니다. 여성이 부위별로 지적당하고 평가받듯이, 육식은 동물을 부위별로 바라보게 한다. 닭가슴과 닭다리 사이에서 인간의 상상은 육질과 맛에 머문다. 아담스는 육식이 어떻게 통념적 남성성과 관련 있는지 알려준다.

다나 일라인, 〈치킨 수프Chicken Soup〉(2017). 물감과 붓 등 미술재료에도
동물로 만들지 않은 '비건'이 있다. 다나 일라인은 비건 작가로 작품의
재료와 소재 모두 이러한 비건주의를 적용한다.

노동하는 남자가 체력을 보충하기 위해 고기를 필요로 한다는 것
은 오래전부터 이어져온 통념이다. 이것과 비슷한 또 다른 통념은 힘
센 동물의 고기를 먹으면 그것에 비례해 강해질 수 있다는 미신이다.
가부장제 문화의 신화에는 고기가 남자의 힘을 세게 하는 작용을 한
다는, 그리고 남성적인 특질들은 이런 남자다운 음식을 섭취함으로
써 형성된다는 믿음이 숨겨져 있다. ⋯⋯ 남자는 강하고, 남자는 강할

필요가 있으며, 따라서 남자에게는 고기가 필요하다는 미신은 여전히 남아 있다.[4]

2016년 12월 10일 국회에서 탄핵안이 통과되던 날과 2017년 3월 10일 헌법재판소에서 탄핵이 결정되던 날을 '닭 잡는 날'이라고 말하는 사람들이 있었다. 그들은 '무엇'을 잡은 것일까. '초식남'과 '육식녀'라는 단어가 인기 있는 것은, 남성이 초식동물에 비유되거나 여성이 육식동물에 비유되는 경우가 드물기 때문이다. 남성은 흔히 생태계의 상부 구조에 있는 육식동물에 비유된다. 단순하게는 밥상의 고기를 먹는 순서부터 넓게는 세계의 지배자로서 지위까지 남성에게는 자연스럽게 권력이 부여된다. '고기 밥상'이란 남성에게 여성이 바치는 일종의 지배자의 밥상이다. '풀떼기'는 여성의 성의 없는 밥상을 종종 상징한다. 반찬이 이게 뭐야, 집에서 뭐하는 거야! 닭가슴살에 대한 선호가 높아진 요즘에는 그 양상이 조금 변했으나, 아직도 어른들 사이에는 닭다리를 먹는 서열이 있다. 나이가 많은 사람에게, 딸보다는 아들에게, 아내보다는 남편에게 닭다리의 우선권이 있다고 생각한다.

한강의 《채식주의자》에서 영혜의 남편이 실망해 마지않던 그 밥상, 된장을 넣어 먹는 상추쌈과 소고기도 조갯살도 넣지 않은 말간 미역국은 내가 혼자 있을 때 자주 먹는 식단이다. 영혜의 채식은 단지 그의 식단 변화만을 의미하지 않는다. 모든 관계의 변화로 향한다. 영혜는 채식을 하면서 남편과 더 이상 섹스를 하지 않고, 남편이 출근할 때 돕지도 않는다. 고기를 '먹지 않음'은 아버지에 대한 대항으로도 나간다. 영혜에게 강제로 고기를 쑤셔 넣는 아버지의 폭력성에 저항하는 행위다. 영혜가 브래지어를 싫어했듯이 그의 '먹지 않음'은 이러한 폭력과 강제에 대한 거부 행위다.

영혜가 평범하게 살아올 때는 남편이 밥과 몸으로 영혜를 평범하게 착취했다면, 채식주의자가 되면서는 형부가 예술적 성취를 위해 영혜를 식물화한다. 마지막에 영혜는 가장 극단의 저항 방식을 취한다. 아무것도 먹지 않는 존재가 된다. 모든 폭력에 대한 거부. 한편 아무것도 먹지 않아도 되는 나무가 되는 선택은 나를 혼란스럽게 만들었다. 왜 다시 여성은 자연이 되는가.

여자들이 좋아하는 맛

줄리아 차일드Julia Child가 쓴 프랑스 요리책을 구입했다. 스칸디나비아 요리책도 구입하려고 이리저리 뒤적였다. 이렇게 요리책을 탐하는 날이 올 줄은 예전의 나는 미처 몰랐지. 어릴 때는 요리책에 아무런 흥미가 없었다. 그저 엄마들이 보는 실용서 정도로 생각했다. 여성지에 부록으로 오는 가계부와 세트를 이루는 책. 엄밀히 말하면 '책'으로 여기지도 않았다. 책이란 뭔가 지식을 담은 매체인데, 요리책이 소개하는 요리를 지식이나 문화로 여기지 않은 탓이다.

요리책을 보기 시작한 건 서른 즈음, 어디까지나 어학 공부를 위해서였다. 프랑스인 강사가 자꾸 조리법 적기를 시키는 게 아닌가. 초보자에게 요리책은 좋은 어학 교재다. 문장이 짧지만 요리책에는 꽤 다양한 어휘가 있다. '식힌다', '헹군다', '뿌린다'처럼 일상에서 사용하는 다양한 동사와 맛을 표현하는 형용사는 물론이고, 수량을 표현하는 방식도 배우기 쉽다. 당장 내가 먹을 식재료와 요리의 이름을 알게 되고, 낯선 채소를 활용하는 방식도 배울 수 있어 장을 보러 마트에 가면 선택의 폭이 넓어진다.

요리에는 이렇게 어학 교재로만 접근하다가 서서히 음식과 각 지역의 식재료 등이 눈에 들어왔다. 그러더니 언젠가부터 요리책을 스스로 구입하기 시작했다. 요리책이 하나의 문화유산임을 인식하면서부터다. 여성이 밥하기 노동을 맡는 문제에 관심이 있다고 해서 요리 그 자체에 관심이 생기는 건 아니었다. 이건 묘한 차이다. 서른 즈음, 요리에 대한 나의 무관심이 실은 여성화된 노동은 물론이요, 여성화된 취향에 대한 사회의 몰인정에 기반을 두었음을 깨달아갔고, 나는 요리책과 요리 잡지에 빠져들었다. 요리책은 각 문화권의 식탁이 축약되어 정리된 사전이다.

나는 20대 초·중반에 의도적으로 꽃그림을 회피하곤 했다. 여성스럽다는 말을 하도 많이 들어서 오히려 통념적인 여성성으로부터 거리를 두려 했다. 뭔가 작고, 섬세하고, 온화한 분위기의 창작을 하면 꼭 이런 반응이 따라왔다. 역시 여자라서. 어릴 때는 "역시 여자라서"라는 말을 듣지 않으려 노력했으나 점차 이는 질문으로 바뀌었다. 그리고 알게 되었다. '여성화된 취향'은 일종의 낙인이라는 사실을.

여성이라는 집단이 '본질적으로' 공유하는 '자연스러운' 취향은 없다. 취향은 온전히 자연발생적인 성질이라기보다는 습관의 축적, 환경, 교육 등의 영향을 받아 형성된다. 여성에게 주로 맡겨진 노동과 역할을 수행하면서 여성 일반의 취향이 남성 일반의 취향과 차이를 보일 수는 있다. 앞서 말했듯이 이는 생물학적으로 타고난 본질적인 차이라기보다 사회화의 결과다. 또한 여성 일반의 취향이 열등한 성질로 평가받을 이유가 없다. 나아가 여성 집단 내부는 각각 취향의 종류가 다양하고 차이가 있다.

취향의 젠더화는 여성화된 취향을 업신여기도록 이끈다. "여자들이 좋아하는"이라는 말이 붙으면 일단 한 수 아래의 뭔가로 취급된다. 여자들이 좋아하는 책, 여자들이 좋아하는 드라마, 여자들이 좋아하는 분위기, 여자들이 좋아하는 영화 등. 입맛도 '여자들이 좋아하는 맛'이라고 할 때는 진짜 맛이 아닌, 가벼운 맛으로 취급하는 경향이 있다. 여자들이 좋아하는 취향이란 진정한 예술도, 진정한 맛도, 진정한 지식도 아닌 세계다. 여성'문제'는 진정한 사회문제가 아니듯이.

한 중년 남성은 내가 모히토를 만들어 먹기를 좋아한다고 하니까 "여자들이 좋아하지"라며 자기는 럼이나 보드카를 좋아한다고 한다. '찐한' 술, '도옥한' 술. 럼이 옛날에 해적들이 배에서 마시던 술이라는 설명도 부록으로 따라온다. 그것이야말로 진짜 술맛! 캬! 칵테일은 여자들이나 좋아하지. 희한한 일이었다. 남미에는 칵테일이 정말 다양한데 그 많은 칵테일을 모두 여자만 마시나보다.

여성에게 관심은 없지만 여성을 정의하기 좋아하는 사회에서는 여성을 원거리로 보기 때문에 여성이 늘 뭉뚱그려진다. 이 뭉뚱그려져 표현된 세계는 실재가 되고, 점점 비하되기 좋은 모양새로 빚어진다. 대표적으로 '소녀 취향'이라는 말은 순수함을 가리키기도 하지만, 흔히 취향의 유치함을 일컫는다. 순수함에 대한 찬양은 상황에 따라 언제든지 미성숙, 감정적, 자기애 과잉이라는 비하로 뒤집힐 수 있다. 미성숙해 보이는 글은 "사춘기 소녀의 일기장 같은"이라고 표현하며 비하한다. 일기 쓰는 사춘기 소녀의 마음도 모르면서. 취향은 계층의 구별만이 아니라 이처럼 젠더화를 통해 성별 구별짓기의 역할도 한다. 남성은 '여성 취향'이라 불리는 취향을 얕잡아 봄으로써 자신의 성별을 드러내려 한다.

"여성 취향 저격 푸드!" 이런 광고를 보고 생각했다. 도대체 여성 취향 저격 푸드는 뭘까. 주변이 남자보다는 주로 여자가 많았던 환경이지만 도무지 '여성 취향' 음식이 뭔지 모르겠다. 시장에서 플라스틱 의자에 주저앉아 닭발을 양손으로 부여잡고 뜯어먹으며 "언니 이거 안 먹어봤어? 얼마나 맛있는데"라던 후배부터, 오징어를 제외한 어떤 동물성 식재료도 섭취하지 않던 친구에 이르기까지 내가 아는 여성들의 먹거리 취향이 떠올랐다. 선택하는 먹거리 종류도 다양하지만, 불닭처럼 매운맛을 찾아다니는 여자부터 케이크를 날마다 즐기는 여자까지 그들이 좋아하는 맛의 스펙트럼은 넓다. 대체로 여성 취향을 저격한다는 음식은 예쁜 모양에 단맛이 느껴지는 음식이다. 어떤 집단에 대해 사회가 반복적으로 관념을 재생산하면, 그 집단에 속한 사람들도 그 관념에 맞춰 자신을 규정한다. 여자니까, 남자니까, 어른이니까, 한국 사람이니까 어쩐지 이런 걸 좋아해야 할 거 같고, 저런 건 좋아한다고 티 내면 창피할 거 같고 …… 이렇게 관념을 연기함으로써 관념이 실재가 된다.

게다가 여성들이 좋아하는 식당 '분위기'는 허영이 둥둥 떠다니는 장소처럼 그려진다. 반면 시끌벅적하고 투박하며 토속적이고 편한 분위기에서 얼큰하고 뜨거운 음식을 땀 흘리면서 먹으면 '진짜 맛'이라는 묘한 관념이 있다. 편한 장소에서 널브러져 먹는 그 편함을 누가 모를까. 그러나 새로운 맛, 새로운 분위기를 추구하고 싶은 마음도 있는 법이다. 이런 마음을 '여성화'하고, 나아가 '서구에 오염된 여성'으로 구도를 만들 때 얼큰하고 토속적인 맛과 분위기는 남성화되면서 '진정한' 맛이 된다. 이런 정서가 '세련됨'이란 곧 여성화와 서구화라는 인식으로까지 진전되면서 여성의 취향을 무시하는 태도가 마치 주체적이고 진정한 남성다움인 양 여겨지기도 한다.

우리는 누군가와 취향이 통할 때 그를 무리 중 한 사람이 아니라 나와 연결된 사람이라고 생각하며 관계를 발전시키기 쉽다.

무의식적으로 기록된 기호들이 상대편에 대한 반감/호감을 만들어낸다. 이러한 맥락에서 취향은 사람들을 매개하는 중매자라고 말할 수 있다. 기호를 해독하는 작업을 통해서 하나의 아비투스는 다른 아비투스와의 친화성을 발견하게 된다. 이것이 두 사람이 친화성을 느끼게 되는 중요한 계기이다. 이것을 기반으로 계급들은 서로 잘 어울리는 사람과 유대감을 느끼게 된다. 대표적인 예가 바로 결혼 상대자의 선택이다.[5]

취향의 공감대는 때로 이데올로기보다 힘이 세다. 김정은 국무위원장이 중요한 정상회담에 평양냉면을 가져온 건 고도의 정치다. 이 남북관계보다 더 어렵고 인류의 영원한 과제로 남아 있는 관계가 인간관계다.

내가 남긴 밥을
엄마가 먹지 않아 다행이야

영화 〈미씽: 사라진 여자〉에서 아이에 대한 애정을 대비시켜 보여주기 위해 보모인 한매(공효진)는 아이의 콧물을 직접 입으로 훅 빨아먹고, 이를 본 지선(엄지원)은 인상을 찌푸리는 장면이 있다. 한매는 "안 더러워요"라고 하지만 지선은 "더러운 건 더러운 거야"라고 말한다. 아이와 직접 살 부비며 사는 보모와 아이의 애착관계를 강조하는 좋은 장치이긴 했으나, 한편으로는 의문이 남았다. 아이가 만들어내는 각종 액체와 오물을 환한 얼굴로 거두는지 아닌지를 두고 '엄마의 자격'을 겨루는 듯했다. 제 아이의 콧물을 입으로 빨아먹지 않는 지선은 무심한 엄마인가.

많은 할머니들이 그렇듯이 내 엄마도 아들의 딸인 손녀를 돌본다. 어느 날 내가 조카에게 밥을 먹일 기회가 있었다. 조카가 한 숟가락이라도 더 먹도록 온갖 재주를 부린 뒤 식탁을 치우던 중, 설거지를 하는 엄마에게 조카가 남긴 밥이 아깝다는 말을 하고 있었다. 엄마, 그동안 애가 남긴 밥 어떻게 했어? 엄마는 "그냥 버려야지"라고 한다. 우리를 건너보며 식탁에 앉아 있는 아버지가 하는 말. "네 엄마는 유별나서 니들 남긴 밥도 안 먹던 사람이야. 당신은 이상하게 애들이 남긴 밥은 안 먹더라. 보통 엄마들은 다 먹지 않아?"

오래된 레퍼토리. 엄마가 얼마나 까탈스러운 사람인지 설명하기 위해 아버지가 가끔 내놓는 말이다. 나는 아버지에게 이 말을 여러 번 들었다. 우리 어릴 때 엄마는 우리가 먹다 남긴, 이리저리 휘저어진 밥을 먹지 않았다고. 그러면서 "어차피 아빠도 안 먹었잖아"라는 나의 대응을 도리어 황당해한다. 글쎄, '보통 엄마'들이 그랬는지 안 그랬는지는 남의 집 밥상을 다 돌아다니지 않아서 알 수 없지만, 애들이 남긴 밥을 먹는 엄마를 '보통 엄마화'했음은 분명하다.

'문화연구의 고전'이라 불리는 노동자 계급의 문화연구서《교양의 효용The uses of literacy》에는 통념적으로 생각하는 '보통 엄마'의 모습과는 다른 모습이 묘사되어 있다. 저자 리처드 호가트Richard Hoggart가 티타임에 혼자 새우를 먹던 자신의 어머니를 묘사한 부분이 인상적이다.

어머니는 우리가 피시앤드칩스와 홍차를 달라고 떼를 써도 전혀 미동도 하지 않는 현명한 여성이었으며, 덕분에 우리는 코코아 외의 다른 음료는 마실 수 없었다. …… 언젠가 어머니가 돈을 인출한 직후 자기 자신을 위한 작은 선물 — 삶은 햄 한두 조각 아니면 새우 몇 마리였다 — 을 산 적이 있는데, 아마 그것은 예전에 어머니가 즐겨 먹던 것과 비슷한 음식이었을 것이다. 우리는 굶주린 참새마냥 티타임 내내 어머니를 둘러싼 채 뚫어지게 쳐다보았다. 그러자 어머니는 정말 놀랄 만큼 폭발적으로 화를 냈다. 어머니는 우리에게 그것을 주기가 싫었던 것이고, 전혀 자비가 없었다. 결국 조금 얻어먹기는 했지만, 그 때 우리는 생각보다 더 큰 잘못을 저질렀음을 느꼈다.[6]

이 일화를 두고 저자 호가트는 "전통적으로 흔히 볼 수 있는 사례" 라고 했다. 이 책에서 호가트는 먹고 입는 문제와 관련해 가정에서 가장 타격을 받으며 '허리띠를 졸라매는' 사람이 어머니임을 강조하면서도, 때로 자식 앞에서 자기 몫을 악착같이 챙기는 어머니의 모습도 '흔히 볼 수 있는' 모습이라고 언급한다. 이는 모순이 아니다. 한 사람에게 모두 가능한 모습이다.

나는 문득 '아이가 남긴 밥'이 마땅히 '엄마의 입'을 향해야 한다는 편견이 궁금해 이리저리 조사(?)를 해봤다. 한 여성 커뮤니티에는 "애들 남긴 밥 안 먹는 제가 엄마 자격이 없는 건가요? 다들 드세요?"라는 질문이 올라와 있고, 답변은 제각각이다. 사람에 따라, 상황에 따라 아이가 남긴 음식을 먹을 수도 있고 안 먹을 수도 있다. 하지만 이 모든 질문이 엄마에게만 도착하고 있으며, 아이가 남긴 밥을 먹어야 '보통 엄마'라고 규정하는 '문화'가 여성을 검열하게 만든다.

나는 내가 남긴 밥을 엄마가 먹지 않았음을 알게 되어 좋았다. 엄마한테 덜 빚진 기분이다. 날마다 내가 쏟아내는 오물을 처리하는 것으로도 모자라 엄마 뱃속에 들어가는 음식마저 내가 뒤섞어놓은 잡탕일 필요는 없고, 내가 남긴 밥을 엄마가 꼭 먹어야 모성을 인증하는 것은 아니니까. 엄마 밥상의 존엄을 빼앗으며 자식에 대한 사랑을 요구할 필요도 없다. 엄마가 무슨 잔반 처리기인가.

엄마의 기억 속에 엄마의 엄마들의 밥상이 어떻게 남아 있을까. 엄

마가 말하는 '옛날 엄마들'은 밥상에 제대로 앉아서 먹지 못하는 경우
도 많았다. "그릇이 다 뭐야. 그냥 바가지에 먹는 거지." 푹 꺼진 부엌
부뚜막에 앉아 바가지에 밥과 김치를 넣고 먹던, 그저 그런 계층의 옛
날 엄마들의 모습을 상상해보자. 그들은 젓가락도 없이 숟가락으로
밥을 떠먹은 후, 숟가락을 뒤집어 막대 부분과 엄지손가락을 이용해
젓가락처럼 만들어 김치를 집어 먹었다. 주방 시설도 지금처럼 편리
하지 않던 시절이니 일은 오죽 많았을까.

그 시절까지 거슬러 올라가지 않아도, 내가 어릴 때는 수동식 펌프
질을 하는 수도를 이용했다. 엄마는 연탄불을 꺼뜨리지 않고 아궁이
위에서 때맞춰 새벽밥을 짓다가, 석유곤로가 나오면서 아침이 나름
획기적으로 바뀐 기억을 꺼내든다. 반면 아버지는 이렇게 '애들이 먹
다 남긴 밥은 안 먹는 성격 유별난 여자'로 엄마를 기억한다. 두 사람
이 기억하는 1970년대 후반 밥상의 추억은 다르다.

가스레인지는 내 기억으로 1986년에 처음 우리 집에 들어왔으니,
그전까지는 석유곤로와 연탄아궁이가 요리를 위한 주요 가열 도구였
다. 1980년대에 연탄가스로 인한 일산화탄소 중독 환자는 여성이 남
성에 비해 두 배 가까이 많았다. 이는 결코 여성의 가사노동과 무관하
지 않다. 요즘도 마찬가지다. 요리할 때 나오는 각종 연기가 폐암을 유
발한다는 보고서가 나왔지만, 집에서 요리하다가 폐암에 걸리면 산재
도 아니고 직업병도 아니다. '엄마'라는 이름은 유령 노동자니까. 참
희한하지. '애 낳을 몸'이라서 담배도 안 되고, 술도 안 되고, 어쩌고저
쩌고 여성의 몸을 통제하려 들지만, 요리할 때의 연기가 폐암을 유발
한다는 연구가 나와도 대부분 가정에서 여성이 요리를 맡고 있다는

사실은 모른 척하니까.

자식들이 분가하면서 집에 식구가 줄어들어 엄마는 강아지 밥만 챙기면 되나 했는데, 인생이란 참 뭔지, 엄마의 육아 노동은 안타깝게도 환갑이 넘어 다시 시작되었다. 손녀를 돌보면서 먹고 자는 일이 힘들어진 것은 기본이요, 심지어 화장실에 갈 때도 문을 열어둬야 할 정도로 항상 아이의 눈앞에 있어야 했다. "이건 껌딱지도 아니고 본드야 본드"라면서 아이가 혼자 뚝 떨어져 놀기를 기다린 나날은 가혹하게 흘러갔다. 손녀가 아무리 예뻐도 모든 기본권이 박탈당한 채 노동에 치이다 보면 사람은 미쳐버릴 지경이 된다. 두 돌이 지나면서 '한 고비'를 넘겼고, 드디어 어린이집에 조카가 처음 발을 들여놓자 엄마는 오랜만에 혼자 점심을 먹었다. '혼자' 있기를 얼마나 갈망했던가.

가부장제란 어머니의 밥으로 아버지의 법을 굴러가게 하는 제도다. 그렇게 밥만 남기고 사라지는 어머니들의 육신이 쌓은 침묵의 무덤이 식구(밥 먹는 입)의 안식을 받쳐 들고 있다.

장차 아들 밥이 되고/ 증자 증손 떡이 되어/ 검은 머리 파뿌리 되도록/ 오장육부 쓸개 꺼정 녹아내린 어머니여.
  – 고정희, 〈첫째거리: 축원마당 4. 보름달 같은 여성해방 이윽히 받으소서〉에서[7]

2장

만드는
여자

혼자 못 사는 남자들

허균은 〈성옹지소록〉에서 아버지 초당 허엽의 스승인 화담 서경덕의 일화를 소개한다.

나의 선친께서는 화담(서경덕의 호) 선생에게서 가장 오래 배웠다. 한번은 7월에 선생 댁을 찾아가니 화담으로 떠난 지 이미 엿새나 되었다 하므로 즉시 화담 별장으로 가는데 가을장마에 물이 불어 건널 수가 없었다. 날이 저물어서야 여울물이 조금 줄었으므로 겨우 건너서 화담에 이르니 선생은 거문고를 타며 큰소리로 읊조리고 있었다.

선친께서 저녁밥을 짓기를 청하니 선생은,

"나도 먹지 않았으니 내 몫까지 함께 짓는 것이 좋겠다."

하였다. 하인이 부엌에 들어가 보니 이끼가 솥 안에 가득하였다. 선친이 이상히 여기고 그 까닭을 묻자 선생이,

"물이 막혀서 엿새를 집사람이 오지 못했기 때문에 내가 오랜 동안 식사를 못하였다. 그러니 분명 솥에 이끼가 끼었을 것이다."

하므로, 그 얼굴을 바라보니 조금도 굶주린 기색이 없었다.[8]

이 일화는 허난설헌 평전과 허균 평전에서 모두 인용되는 일화다. 《허난설헌》에서 처음 읽고 혹시 다른 맥락이 있는지 몇 번을 읽고 또 읽었지만, 여전히 저 기록의 핵심은 '엿새를 굶고도 굶주린 기색이 없는' 화담의 굳건한 모습에 초점을 맞추고 있었다. 《허균 평전》에서도 다른 의미는 찾을 수 없었다. 왜 솥에 이끼가 낄 정도로 엿새를 굶고 있지? 머슴이나 아내가 밥을 해주지 않으면 굶는 게 위풍당당? 조선시대 여성이 아닌 나로서는 아내가 없으면 밥을 못 먹는 남자에 어리둥절할 뿐이다.

프리드리히 엥겔스Friedrich Engels는 반려자인 메리 번즈Mary Burns의 사망 후, 메리의 여동생 리디아와 살았다. 리디아마저 죽은 후에는 마르크스 집안의 하녀였던 헬렌 데무스Helene Demuth[9]가 엥겔스를 돌보았다. 헬렌 데무스가 죽은 후에는 독일사회민주당의 지도자들이 엥겔스를 돌보는 사람으로 루이제 카우츠키Luise Kautsky[10]를 지정했다. 마르크스의 딸인 엘리노어 마르크스Eleanor Marx는 당시 이에 분개했다.[11]

오늘날에도 언론은 혼자 밥 먹는 남자들이 우울증에 걸릴 가능성이 높다는 정보를 전한다. 우울증은 여성의 비율이 더 높은 편이다. 특히 남편이 은퇴하면 아내의 우울증 위험은 70퍼센트 높아진다고 한다. "밥때 식구들이 없으면 휴가를 얻은 듯 홀가분하다." 한 여성지에서 혼자 밥 먹는 '여성 주부'의 감정을 이렇게 표현한다. 가사노동자의 '혼자 먹는 밥'은 종종 언론에서 묘사하는 것처럼 '외로운' 식사가 아니라 '해방의 식사'에 가깝다.

이처럼 여자는 남편과 함께 있으면 우울증이 높아지고, 남자는 가족과 함께 밥을 먹어야 우울증이 낮아진다니 어째서 이런 부조화가 생겨날까. 왜 여성보다 남성이 혼자 밥 먹으면 더 우울할까. 혹시 가족들과 식사할 때 아버지-남편들은 '나 홀로 화목'하지는 않았을까. 함께 밥을 먹으면 좋을 때가 많다. 그런데 함께 밥을 먹는 사람들이 모두 만족하려면 그 관계가 '누가 누구에게 수발을 드는' 관계여서는 안 된다. 물! 국 더 줘! 과일! 밥상에서는 누가 누구에게 주로 이런 말을 할까?

나는 가끔 세상이 전보다는 나아졌다는 착각에 종종 빠진다. 적어도 오늘날의 남성들은 아내가 없으면 엿새 동안 밥을 못 해먹을 정도로 어리석거나, 서로 하녀를 공유하며 살지는 않으니까. 그러나 다른 방식으로 밥 타령을 한다. 집밥의 가치에 대해 지겹도록 말하다가 이제는 홀로 밥 먹는 남성에 대한 연민으로 어쩔 줄 몰라 한다. 혼자 밥 잘 해먹는 남자들도 많은데, 이런 남자들은 보편적이지 않은 사례라며 밀어내려 한다. '남성연대'는 주방에 자주 들락거리는 '같은 남자'들을 싫어한다. 가부장제는 여성들이 하던 성 역할에 참여하는 남성을 달가워하지 않는다. 그런 남자들이 많아질수록 성 역할이 깨지기 때문이다.

개인적인 경험을 하나 들자면, 원룸 시대가 오기 전 청소년기를 '하숙집 딸'로 살았다. 당시 내게는 한 가지 의문점이 있었다. 우리 집을 비롯해 옆집도, 앞집도, 그 옆집도 …… 거의 대부분의 하숙집이 사실상 '남학생 전용'이었다. 나는 처음에 하숙집 주인들이 여학생보다 남학생을 선호한다고 생각했다. 또한 타지에서 학교를 다니는 여학생이 지금보다 더 적었으니 방을 찾는 여학생 수가 남학생보다 적었을 것이다. 그러나 그 때문만은 아니었다. 어느 날 하숙집 주인들의 대화 속에서 그 해답을 찾을 수 있었다. 처음 낯선 지역에 자식을 보내는 부모들 대부분은 딸은 혼자서도 밥을 해먹을 수 있으니 자취를 시키고, 아들은 밥을 해줘야 하니까 하숙을 시킨다고 했다.

딸은 밥을 해먹을 수 있고, 아들은 밥을 해줘야 한다는 이 생각을 내가 이해하기까지는 세월이 필요했다. 도대체 왜? 밥이 뭐기에 그 험난한 입시를 치르고 대학에 입학한 스무 살 딸은 할 줄 알아도 아들은 못한단 말인가. 우리 집에 아들을 데리고 온 부모들은 하나같이 "우리 아들은 아무것도 못해요"라고 했다. 여자의 몸에서는 언제나 젖과 꿀이 흐르고 손을 뻗으면 양식이 쏟아지는 것일까. 그것은 할 줄 알고 모르고의 문제가 아니라, 해야만 하는 사람과 할 필요가 없는 사람으로 역할 분담이 되어 있을 뿐이다.

과부 삼 년이면 쌀이 서 말이고, 홀아비 삼 년이면 이가 서 말이라는 옛말은 그저 '옛말'에 불과해야 한다. '옛말'이 아니라 여전히 현재진행형이길 바라는 사람들이 너무 많다. 이 돌봄을 누가 담당하겠는가. 여성은 '돌보는' 존재이며 남성은 '돌봄받는' 존재임을 당연시 여긴다. 여성의 돌봄에 의지하고 살면서 남성은 여성을 보호한다고 착각한다. '지켜줄게'는 남자들이 꽤 멋있다고 생각해서 여자들에게 종종 하는 말이다. '곰국 끓이는 아내'에 대한 유머, 은퇴 후 '삼식이'가 되는 남편, 결국은 다 밥을 둘러싼 문제다. 드라마 〈디어 마이 프렌즈〉에서 아내가 집을 나가자 밥을 해달라며 딸과 여자 후배들을 귀찮게 하던 석균(신구)은 드라마 속에만 있으면 좋겠다.

〈디어 마이 프렌즈〉 11회에서 석규는 온 사방에 전화하며 자기에게 밥해줄 사람을 찾는다. 딸들이 와서 밥을 지어주며 이제 엄마에게 빌라고 하자 그는 "남자가 밥하리?"라고 한다. 이에 딸은 "내 남편 밥은? 내 남편 밥은?"이라고 외친다. 딸이 없을 때는 아내의 친구들이 와서 설거지를 해준다. 남편 밥과 아버지 밥 사이를 오가며 소리치는 여성들 앞에서 혼자 밥 먹는 남자의 설움을 걱정하는 사회라니.

여성이 셰프가 될 때

우연히 베이킹 방송을 보게 되었다. 베이킹에 거의 문외한인 나는 구워진 빵을 김밥처럼 말아서 스위스롤을 만드는 모습을 신기하게 바라보며 어느덧 빠져들었다. 케이크가 만들어지는 과정을 하나의 공예품처럼 감상하다 보니 두 시간이 훌쩍 지났다. 게다가 심사위원들이 참으로 부드럽고 조심스럽게 다른 사람의 빵을 맛보며 다루는 모습에, 나는 참가자들이 상처받을까 봐 괜히 긴장하지 않고 눈으로 각종 화려한 빵과 케이크를 즐기며 맛을 상상할 수 있었다.

모처럼 오디션 방송을 즐기면서 봤건만, 딱 한 번 본 그 방송이 그다음 주에 취소되었다! 심사위원 중 한 사람이 자신이 일하는 식당에서 동료 직원을 성추행한 사실이 알려져 그가 출연한 프로그램 방영이 아예 취소된 것이다. 한 사람의 성추행이 해당 피해자는 물론이거니와 자신의 실력을 보여주기 위해 참여한 열 명의 출연자와 방송 제작진들, 그리고 수많은 시청자들을 물 먹이고 말았다. '하비 와인스틴 게이트'라고 불릴 정도로 2017년 가을 미국에서 영화제작자 와인스틴Harvey Weinstein의 어마어마한 성추행 전력이 폭로된 이후, 사회 여러 분야에서 유명한 남성들의 성폭력이 드러났다. 미식의 장도 예외일 수 없다.

오늘날 미디어에는 요리하는 남성이 많이 보인다. 연예인처럼 인기 있고 열광적인 지지를 받으며 세계적 스타가 되는 사람도 있다. CNN에서는 앤서니 보댕Anthony Bourdain이 배 위에 누워 샴페인과 함께 카리브해 주변의 음식을 즐기는 모습이 나오고, FOX에서는 고든 램지Gordon Ramsay가 팔짱을 끼고 이마에 굵은 주름을 만들며 남의 요리를 품평하고 지휘한다. 미디어에서 재현되는 소수의 성공한 요리사는 남성적 이미지다. 이들은 세계를 돌아다니며 모험하는 모습을 보여주거나, 강력한 태도로 누군가를 심사한다.

여성의 요리가 주로 집안에서 이루어지는 부불노동이라면, 남성의 요리는 전문 직업인의 이미지로 등장한다. 실제로 '셰프'는 남성화되어 있다. 문화적으로 여성의 성 역할로 여겨지는 요리를 직업으로 수행하는 남성은 자신의 일을 성 역할과 분리시키기 위해 여성과 여성이 만들어내는 결과물을 적극적으로 배척하는 경향이 있다. 예를 들어 "여자는 남자보다 손이 따뜻해서 초밥을 쥘 수 없다"라는 속설을 만들어 여성이 일식 요리에 진입하지 못하게 한다. (손이 따뜻해서 초밥을 만들 수 없다면서 왜 여자의 벌거벗은 몸 위에 회와 초밥을 올려놓고 먹으려 할까?) 심지어는 여자가 월경을 하기 때문에 안 된다고도 한다. 여성이 만든 음식은 배고픈 식구들을 먹이는 돌봄 형식의 양식이라면, 남성의 요리는 기술적이면서 창의적이고 새로운 시도를 하는, 마치 서명이 들어간 하나의 예술 작품처럼 이미지를 만든다.

의학이 발달하면서 산부인과를 담당하는 남성 의사들이 전통적으로 조산 업무를 해온 산파들을 마녀로 만들어 몰아낸 역사를 떠올려 보자. 직업의 여성화는 대체로 저임금과 업무에 대한 무시를 동반한다. 예를 들어 노동강도가 결코 약하지 않은 보육노동은 왜 임금이 낮을까? 여성이 집에서 하는 돌봄노동의 연장이라고 여겨지기에 이 여성화된 직업군은 임금이 낮아도 된다고 생각한다. 미국에서 교사는 여성들이 주로 진출하면서 오히려 임금이 떨어졌다.

미식의 장에서도 '밥하는 아줌마'를 향한 멸시는 '셰프'를 남성화하는 과정에서 종종 동원되는 태도다. 남성 요리사들은 부엌을 마초의 세계로 만들어 이 '여성화의 위협'에 대응한다. 성희롱은 일터를 마초의 세계로 만드는 가장 대표적인 수단이다. 요리라는 세계에서 여성이 겪는 일을 집중적으로 다룬 책《여성 셰프 분투기Taking the Heat》는 여성 요리사들에게 벌어지는 성희롱 문제도 중요하게 다룬다. 이는 비단 식당 내 노동자뿐만 아니라 여성들이 직장에서 흔히 겪는 보편적인 문제이다. 여성이 이에 대해 문제제기를 할 경우 "역시 여자들은 이래서 안 돼"라는 말을 들을 수 있다. "부엌에 남녀가 섞여 있으면 남성 셰프들의 형제애가 흔들려서 부엌이 잘 돌아갈 수 없다고 생각하는 이들도 있다."[12] 남자가 부엌에 들어가면 '고추'가 떨어진다고 하지만, 정작 직업의 영역에서 부엌은 '고추'를 보호해야 하는 장소다. 성역할이 얼마나 허구인지 알 수 있다.

여성들에게 직장 내 성희롱은 일종의 자격을 검증당하는 무대 위에 올라가는 일이다. 성희롱을 잘 견디면 남성의 세계에서 일할 '자격'을 얻게 되지만, 결국에는 "너도 즐겼잖아"라는 소리를 듣게 되고, 성

프랜시스 에드윈 호지, 〈예술 클럽의 여성 요리
사The Arts Club's Woman Chef〉(1935). 밥하는 아내나
엄마의 모습은 많이 재현되는 반면, 직업인으로서
여성 요리사가 재현되는 경우는 비교적 적다.

희롱을 지적하면 남성의 세계에서 일할 자격이 없는 피곤한 여성이
된다. 여성의 집 밖 노동은 항상 이러한 시험대 위에 오른다. 2017년에
직장 내 성폭력을 고발했다가 결국 퇴사한 한샘의 여성 신입사원처
럼, 노동 현장에는 이러한 피해에 시달리는 여성노동자들이 언제나
있다.

또한 요리를 하나의 창작 영역으로 보면 예술계에서 일어나는 일
과 비슷한 점이 많다. 미술사에서도 공예는 여성화되고, 건축이나 회
화, 조각을 남성화해 여성이 참여하는 공예를 '순수미술이 아닌 것'으
로 규정해왔다. 여성은 규모가 큰 건축 설계나 조각을 할 수 없으며, 이

름을 남기는 화가가 되기도 어려웠다. 이름 남기기를 두려워한 많은 여성이 자신의 공예품을 개인적인 창작물로 여기거나, 서명을 넣는 행동을 거의 하지 않았다. 그저 여자들의 소일거리 정도로 간주했다. 마찬가지로 "여성 셰프는 신문 기자에게 레스토랑의 이름을 싣지 말아달라고 부탁했다. 작은 레스토랑에 손님들이 몰려오면 감당할 수 없을 거라는 두려움 때문이다. 이 여성 셰프들은 미디어에 소개되는 것을 기회가 아닌 위협으로 바라본다."[13] 와싱숍 주인이 방송에 나온 이후 어이없이 살해당한 사건이 떠올랐다. 여성에게 미디어는 이 자본주의 사회에서도 온전한 홍보 수단이 될 수 없다.

이처럼 집 밖에서 요리하는 여성들을 희롱하고 추행하며 집 밖 부엌을 남성화하지만, 집 안 부엌에는 언제나 밥해줄 여성이 있기를 원한다. 한 여성 요리사는 자신이 7년간 사귀었던 남자와 두 명의 남편 모두 "부엌에서 일할 때 만난 사람들"이지만, 사귀기 시작하고 나서 여성이 늘 요리에 대한 직업적 고민을 하면 "집에서 저녁 식사를 차려줄 아내는 어디에 있는 거야?"라고 말했다고 한다.[14]

실제로 많은 여성 요리사들은 결혼 후 여느 직업군과 마찬가지로 집에서 아이를 돌보고 가사를 병행하기 위해 업무를 조절한다. 식당이란 당연히 사람이 밥 먹는 시간에 문을 연다. 그러니까 여성이 음식 만드는 일을 직업으로 선택할 때 집 안 부엌과 집 밖 부엌 중 선택해야 하는 문제에 놓인다는 뜻이다. 여성이 집안에서 음식을 만든다는 성역할은 여성이 직업인으로서 음식 만드는 일을 방해한다. 여성들은 고급 식당의 저녁 메뉴를 지휘하는 셰프 자리, 즉 요리사로서 자부심을 가질 수 있는 지위를 '자발적으로' 포기할 때도 있다. 반면 남성 요리사들은 집 안의 부엌에서 음식을 만들어주는 아내 덕분에 집 밖의 부엌에서 경력을 쌓아간다. 이렇게 여성이 구조적 이유로 스스로 직업을 포기하거나 일을 줄이면 "역시 여자는 안 돼"라고 낙인찍으며 여성을 뽑지 않거나, 관리자로 승진시키지 않고 권력이 없는 영역에 처박아놓는다. 그렇게 결과를 원인으로 바꿔치기 하면 여성이 겪는 문제는 여성이 만든 문제가 되어 돌고 돈다.

'탁상담화'의 식탁은 누가 차렸을까

2017년은 종교개혁 500주년을 기념해 루터에 대한 다양한 전시가 열리고, 관련 서적들이 출간된 해다. 가톨릭 신문에서 "1517년 종교분열을 일으킨 마르틴 루터"라는 표현을 접했다. 가톨릭의 입장에서는 종교개혁이 종교분열일 수 있다.《탁상담화Table talk》를 읽어보면 루터가 교황을 거의 악의 영혼으로 여기는 모습이 여러 번 등장한다. 당시 서로에 대한 증오가 얼마나 깊었는지 알 수 있다.

화가가 어떤 인물을 지지하는 방식에는 초상화 그리기가 있다. 예를 들어 구스타브 쿠르베Gustave Courbet가 '근대'의 상징인 샤를 보들레르Charles Baudelaire의 초상을 그렸다면, 루카스 크라나흐Lucas Cranach the Elder는 종교개혁의 상징인 마르틴 루터Martin Luther의 초상을 그렸다. 마르틴 루터. 그는 구교에서 신교로, 독신 성직자에서 결혼하는 성직자로 역사를 바꾸는 과정에서 자신의 초상화를 적극 활용했다. 루터와 친구 사이이기도 했던 크라나흐는 수도사 복장을 한 루터의 모습을 자주 그렸다. 도덕적 인물로 영원히 남기는 작업의 일환이었다.

나아가 루터의 아내인 카타리나 폰 보라Katharina von Bora의 초상까지 그렸다. 이는 성직자의 결혼을 지지하는 방식이다. 루터는 1520년 이미 성직자의 독신 제도를 폐지하는 선언을 했고, 수도원에서 탈출한 수녀인 카타리나 폰 보라와 1525년 결혼한다. 두 사람의 결혼은 기존의 종교적 관념에서 볼 때 파격이었고, 많은 비난과 논란을 몰고 왔다. 초상화를 남기는 일은 곧 권력의 상징이기에 크라나흐는 부부의 얼굴을 나란히 그려 성직자의 결혼이 공적이면서 정치적인 힘을 발휘하도록 돕는다.

카타리나 폰 보라는 개신교 신자들 사이에서 가장 처음으로 알려진 '목사의 아내'다. 그는 몰락한 귀족 가문 출신으로 어릴 때 수녀원에 보내져 그곳에서 교육받고 성장했으나, 결국 다른 동료 수녀 11명

루카스 크라나흐, 〈마르틴 루터Martin Luther〉(1529)와 〈카타리나 폰 보라 Katharina von Bora〉(1529). 루터의 아내 카타리나는 경제활동을 왕성하게 펼친 사업가이자 지적인 여성으로 언급되기보다는, 남편을 잘 보필하는 성직자 아내 이미지로 활용되었다.

과 마차에 숨어 탈출했다. 당시 카타리나 폰 보라의 이미지는 경제활동을 왕성하게 펼친 사업가이자 지적인 여성으로 언급되기보다는, 남편을 잘 보필하는 성직자의 아내로 활용되었다. 오늘날 '목사 사모님'이 목사의 아내로서 많은 노동을 하듯이, 카타리나 폰 보라도 마찬가지였다.

성직자는 대체로 남성이고, 이 남성이 종교적으로는 개혁적 인물이라 할지라도 제 아내에게까지 개혁적이긴 힘들다. 교양 있고 감각도 뛰어나며, 때로는 천재적이고 체제에 맞서 용감하게 싸운 남성들이 어떻게 여성을 혐오하고 멸시하며 여성의 보호자를 자처해왔는지 알려면 고전을 보면 된다. 장자크 루소Jean-Jacques Rousseau도 《에밀Émile》에서 소년은 강건한 신체가 중요하고 소녀는 (남자를 위해) 매력적인 존재가 되어야 한다고 주장한다. 여성운동의 선구자 메리 울프턴크래프트Mary Wollstonecraft는 훗날 《여성의 권리 옹호A Vindication of the Rights of Woman》에서 "모욕에 가까운 연민의 대상"으로 여성을 그려낸 루소의 저작을 비판했다. 종교개혁의 선구자인 루터도 예외가 아니다.

《탁상담화》는 성경 해석에 도움을 주는 관점도 있지만, 쉽게 예상할 수 있듯이 남성들이 모인 자리에서 남성을 보편적 인간으로 두고 이야기한다. 오늘날 기준으로 보면 그저 웃음만 나오는 구절도 많다. 결혼을 긍정하기 위해 독신을 '좋지 않은' 것으로 규정하고, 결혼이 종교 다음으로 인간에게 중요한 가치라고 강조한다. 또한 루터는 아내인 카타리나를 존중했지만, 그가 생각하는 여성에 대한 존중은 "온 인류가 여인에게서 잉태되고 태어나고 양육되기 때문"[15]에 여성이 필요하다는 것이었다. 그는 결코 여성이 남성과 동등한 인간이라고 생각하지 않았다. 이러한 생각은 오늘날에도 크게 달라지지 않았다. 그래서 성별이 다른 인간들의 의사소통이 어려울 수밖에 없다. 여자를 좋아하고, 심지어 보호할 수도 있는 사람인데 왜 여성을 혐오한다고 하는지, 도통 이해하지 못하니 나름 억울한 남성들이 많다.

당시의 기준으로는 여성을 꽤 존중하는 편에 속했던 루터도 "여성들이 말을 많이 하는 것은 바람직하지 못합니다. 차라리 침묵을 지키고 입을 별로 열지 않는 것이 훨씬 낫습니다"[16]라고 한다. 여성의 말은 어떻게 억압되었는지《탁상담화》에 실린 다른 사례를 더 소개하겠다.

> 루터의 아내가 이렇게 말했습니다. "여보, 오늘 오후에 마을 교회에서 스톤 요한 팔머가 설교하는 것을 들었는데, 포머 박사의 설교보다 훨씬 더 귀에 잘 들어오더군요. 포머 박사도 대단히 탁월한 설교자로 인정받는 분인데 말이에요." 루터는 이렇게 대답했습니다. "요한 팔머는 여성스럽게 설교를 하기 때문에 당신 귀에 잘 들어왔을 거요. 설교자는 본문에 충실해 본문에 담긴 교훈을 그대로 전달함으로써 청중이 잘 이해할 수 있도록 해야 해요. 그렇게 하지 않고 생각나는 것을 다 말하는 설교자는 마치 장터에 간 하녀가 다른 하녀를 만나 시간 가는 줄 모르고 수다 떠는 것과 같은 거요."[17]

성경에도 이와 같은 구절이 있다. "여자는 교회에서 잠잠하라. 그들에게는 말하는 것을 허락함이 없나니 율법에 이른 것 같이 오직 복종할 것이요"(고린도전서 14:34). 특정 성별을 침묵시킨 채 인류의 편파적인 지적 역사가 쌓여왔다. 아무리 종교를 개혁해도 여성의 입은 잠잠해야 한다. 종교도 여성의 노동(식사와 청소 등)으로 굴러가지만, 여성의 입은 막으려 한다.

루터의 '탁상담화'에 참여한 유일한 여성이 카타리나 폰 보라다. 루터의 집에는 루터 가족만 살지는 않았다. 루터의 조카들을 비롯해 친구의 자식들, 수많은 제자들이 같이 살거나 드나들었다. 매일 루터의 식탁에 앉아 루터의 말을 듣는 그 수많은 제자들을 위한 식탁은 누가 차렸을까? 바로 카타리나다. 그는 수십 명의 식구들을 관리하고 돌보았으며, 거대한 정원을 가꾸며 약초를 재배하고, 돼지와 닭 등 수많은 가축도 길렀다. 양봉도 역시 빼놓을 수 없다. 그는 자신이 기른 약초로 약을 만들어 남편 루터의 병을 치료하고 돌보기도 했다. 그는 남편이 집필하고 번역하는 책이 출판되도록 기획하는 사업가이기도 했다. 루터는 학자이며 성직자였지만 돈을 버는 능력이 있지는 않았다.

카타리나는 먹거리를 만들기 위해 수많은 노동을 했지만, 그중 가장 유명한 먹거리는 바로 맥주다. 루터는 특히 맥주가 몸에 좋다고 믿었다. 끼니때마다 요리를 하고 빵을 굽는 일이 여성의 역할이었듯이, 당시 맥주 빚기도 여성의 몫이었다. 일부 여성들은 맥주를 만들어 돈을 벌 수도 있었다. 카타리나 폰 보라가 만든 맥주는 '카타리나비어Katharinenbier'라는 이름으로 알려졌고, 집에 모여드는 사람이 많았던 만큼 맥주 맛도 유명했다.

여성의 일이었던 맥주 빚기는 1700년대부터 남성의 일이 되어갔다. 20세기 초 미국에서는 금주법과 금주법 폐지를 거치며 여성은 맥주의 세계에서 점차 멀어졌다. 맥주를 빚거나 마시기보다는 맥주를 파는 역할에 제한되어 있었다. 오늘날 직업적으로 맥주를 만드는 '브루어'는 주로 남성이 맡고 있으며, 이 세계에서 여성은 소수에 불과하다. 부불노동은 여성의 몫이지만, 집 밖에서 직업적으로 전문화되면 남성이 차지하는 분야에는 바로 이 술 만드는 일도 포함된다.

《데스데모나, 당신이 말을 했더라면Wenn du Geredet Hattest Desdemona》은 문학이나 역사 속에서 자신의 이야기가 없었던 11명의 여성에게 작가의 상상으로 발언권을 준 책이다. 나는 이 책에 등장하는 이야기를 다 좋아하진 않는다. 저자의 일부 시각에 동의하지 않는다. 그러나 말이 없었던 여성에게 목소리를 부여해 그들의 입장에서 이야기를 풀어놓도록 상상하는 시도는 충분히 재미있다. 그중 한 명이 카타리나다. 카타리나는 자신이 빚은 맥주를 마시며 루터의 성경 번역을 지적한다.

> 왜 늘 "여자는 남자에게 순종해야 합니다!"라는 말을 하는 거예요? ⋯⋯ 에베소서에는 분명히 한 사람이 다른 사람에게 소용이 되어야 한다고 써 있잖아요? 그런데 당신은 다르게 번역했어요.[18]

번역에는 번역자의 차별적 시각이 담긴다. 카타리나의 목소리를 대신 전한다. "한 번쯤은 이 카타리나에게도 감사해야 하지 않나요? 모두들 배불리 먹을 수 있도록 매일 신경을 쓰고 있으니 말이에요!"[19]

여자가 잘 들어와야 해

김지하의 〈오적〉을 감명 깊게 읽고 그에게 문학적 영향을 받았으며, 2016년 박경리 문학상 수상자이기도 한 케냐 작가 응구기 와 시옹오Ngugi wa Thiong'o. 식민주의를 강하게 비판하는 그는 고국인 케냐에 돌아가지 못한 채 미국에 망명 중인 상태다. 그의 문학에서 지배와 착취의 구조는 섬세하게 드러난다. 식민주의에 저항했지만 해방 후 자신이 권력을 갖자 다시 낮은 계급을 착취하는 케냐인, 하나님을 팔아 민중의 저항을 잠재우고 지배계급에 봉사하는 성직자, 개발이라는 이름으로 땅과 문화, 인간관계까지 빼앗기는 시골 사람들의 모습 등이 서로 얽혀 있다.

그의 작품《피의 꽃잎들Petals of Blood》에서 주요 인물들 중 '완자'라는 젊은 여성은 특히 이 착취 구조의 한복판에 있다. 케냐의 흑인 여성으로서 그는 백인 유럽 남성에 의해서든 자국 남성에 의해서든 식민주의와 성차별이 어떻게 자신을 복합적으로 '먹어치우는지' 잘 안다. 그가 보기에 여성은 아무리 발버둥 쳐도 '부엌과 침실'을 오가는 삶에 간혀 있다. 그래서 결국 이 세상은 다른 사람을 먹지 않으면 자신이 먹힌다는 결론을 내린다.

추석이 지났을 때 친구에게서 전화가 왔다. "우리는 아침부터 차례상 차리느라 옷도 제대로 못 갖춰 입고 바빠 죽겠는데, 남자들은 느지막하게 일어나 몸단장들 하더라." 그는 어른들이 참 좋아하는, "요즘 저런 며느리가 어디 있느냐"는 소리를 들으며 '효부'라고 칭찬받는 며느리다. 결혼 초기에는 시집 밭에서 고구마 500개를 심은 적도 있다. 맏며느리의 도리를 잘 수행한다고 칭찬을 듣지만, 정작 그는 "이 세상에서 며느리는 시집 좋이야!"를 외쳤다. 처음 인사 온 '아들의 여자'가 일복을 가져와 갈아입고 부엌에 들어가 능숙하게 일하더라며, 자신이 야무진 며느리를 '얻었다'고 자랑하던 여성이 생각났다. '딸의 남자'인 사위가 첫인사 오는 날에 일복을 가져와 부엌에 들어가는 상상을 할 수 있을까.

결혼생활이 오래된 여성들의 대화에는 가부장제의 복잡한 얼굴이 응축되어 있다. 이들은 때로 남편에 대한 환멸로 가득해 "능력 있으면 혼자 살아"라는 말을 젊은 여성들에게 전하면서도, '아들의 여자'에게는 180도 다른 시선을 던진다. '되바라진' 딸을 보며 내 딸은 나보다 나은 삶을 살겠다고 생각하기보다는, 저런 '요즘 여자들' 때문에 순진하고 성실한 내 아들이 얼마나 뼛골 빠지게 고생할까 걱정한다. 이러한 모순은 가부장제 속에서 돌봄노동을 통해 실질적으로 가정의 대소사를 책임지며, 감정노동을 통해 가족 구성원과 감정적으로 깊숙이 얽히는 임무를 수행하는 여성들에게 지속적으로 나타날 수밖에 없다.

여성은 결혼을 통해 친족과 혈연관계 등 가까운 인간관계가 남성 중심으로 재배치된다. 또한 물리적 장소도 남성 중심으로 이동한다. 인간관계와 물리적 장소가 이처럼 남성 위주로 배치되는 구조 속에서 자연스럽게 여성은 힘의 고리가 끊어진다. 나름의 주도권을 발휘할 수 있는 세계가 바로 집안이기에 집안에서 각종 권력관계에 참여한다. 시어머니는 며느리를, 맏며느리는 손아래 동서들에게 권력을 행사한다. 이는 엄밀히 말하면 집안일의 주도권을 여성에게 주는 척하면서 남성들이 자행하는 책임 회피다. 이렇게 가부장 없는 가부장제는 시어머니와 시누이에게 주로 악당 역할을 맡긴다.

'집안의 어른'은 단지 나이가 많다고 되지 않는다. 여성은 어른이 아니다. 특히 결혼 안 한 여자는 어른 취급을 못 받는다. 가장 어른으로 대접받는 여성은 바로 '아들의 엄마'다. '시어머니 되기'는 그렇게 발생한다. 가정에서의 위치와 별개로 자신의 일을 통해 사회적 위치를 가지는 남성들은 '시아버지 되기'에 상대적으로 관심이 덜할 수밖에 없다. 집안 문제를 여성이 담당하니까 당연히 '갈등'의 당사자는 여성의 얼굴로 나타난다. 이를 두고 흔히 "여성의 적은 여성이다"라고 혀를 끌끌 찬다. "하여튼 여자들은"이라는 말이 나오고, 집안에 여자가 잘 들어와야 한다고 말한다.

그렇기에 '고부갈등'이라는 말은 매우 기만적이다. "자기들이 겪어놓고도 며느리에게 똑같이 한다"며 시어머니 자리에 있는 여성을 비난하는 아들/남편의 목소리가 썩 달갑지 않다. 그런 말로 자신은 아내의 고됨을 이해하는 좋은 남편이 될지 모르지만, 결국은 며느리-시어머니 구도로 문제가 축소·은폐되기 때문이다. 이 문제에서 가장 멀찌감치 떨어진 인물은 주로 시아버지다. 아들은 제 엄마와 아내 사이에서 속 끓이며 '등 터지는 새우', 그야말로 피해자 코스프레를 한다. 주인이 노예에게 내리는 포상처럼, 명절 노동 후 '따뜻한 말'이나 선물 등으로 좋은 남자가 될 수 있다는 미디어의 조언은 더 어이가 없다.

아들 키운 보상을 며느리에게 받으려는 시어머니, 고생한 엄마에 대한 보상을 자기 아내에게 시키는 아들. 결국 여성에게 보상받고, 여성에게 화풀이하고, 여성에게 위로받으려는 모든 착취 행위를 여성이 감수해야 여성의 도리를 다한 셈이 된다. 상하관계에 길들여진 남성들도 옆구리가 허전해서 외로울 때는 또다시 여성을 소비하며 풀려고 하지만, 결코 채워지지 않는다.

명절 증후군이라는 말은 증상만 드러낼 뿐 그 증상을 유발하는 원인은 감춘다. 한국의 명절은 휴식도 축제도 아니다. 남아선호악습과 가부장제, 정상가족 이데올로기, 이성애 중심주의가 농축된 고약한 이벤트다. 며느리 역할을 하는 여성은 물론이고, 이혼한 사람, 나이 많은 독신, 아이 없는 기혼자, 때로는 아들 없는 기혼자에게 예정된 피로가 규칙적으로 몰려오는 날이다. 이 '전통'은 더 이상 지금과 같은 상태로 유지될 이유가 없다.

그래 봐야 일 년에 두 번 명절인데 그걸로 증후군이니 뭐니 한다며 '요즘 여자들'은 싸가지가 없다고 한다. 하지만 일 년에 두 번이라는 말은 거짓이다. 제사, 어버이날, 생일, 각종 경조사 등 굵직굵직한 날만 꼽아도 며느리 역할을 요구받는 날이 일 년에 두 번은 아니다. 설사 일 년에 두 번이 아니라 평생에 두 번이라도 옳지 않은 일은 옳지 않은 일이다. 성차별을 기반으로 닦은 전통은 지켜야 하는 문화가 아니라 타파해야 할 폐습이다. 왜 여성을 이류 인간으로 취급하는 가부장제

이벤트에 참석해서 얼굴도 모르는 남성 중심의 조상을 위해 밥을 지어야 하나.

기대수명을 감안하면 약 50년의 결혼생활 중 100번의 명절을 거치게 된다. 결혼생활의 하반기에는 '시어머니 되기'를 통해 집안에 새로 '들인 여자'에게 이 임무를 넘긴다. 엄마와 아내의 손이 움직이지 않으면 유지도 안 되는 가풍과 전통이 뭐 그리 자랑스러울까. 노동자를 '갈아 넣은' 자본주의에 비판적이어도, 여성의 노동을 갈아 넣어 유지되는 '전통'이라는 이름의 가부장제는 고귀한 품위처럼 여긴다.

오늘날 많은 여성들이 결혼 전과 후에 시차를 느낀다. 분명히 같은 시간대에 살지만, 결혼과 함께 여성의 삶에는 20년 전, 50년 전, 100년 전의 시간대가 다양하게 침투해 중첩된다. 이 시차를 공식적으로 느끼는 때가 바로 명절이다. 많은 여성들이 기름 냄새 자욱한 부엌에서 '시집의 종'임을 인식한다. 단지 허리가 아파서가 아니다. 명절마다 자신이 원하지도 않은 타임머신을 타고 온 세계 속에서 시차적응이 안 된다. 여성에게 지속적으로 굴욕감을 주는 자리가 일 년에 두 번씩이나 있다니!

할머니의 미역줄거리

(외)할머니 집안에는 딸만 다섯이고 아들이 없었다. 그 집은 옛날 옛날 동네에서 '이서방네'로 불렸다. 그 동네는 경주 이씨들이 바글바글 모여 있는 집성촌이다. 동네 사람들이 다들 엄마와 먼 친척이다. 이서방네는 딸만 다섯이라 당시의 풍속에 따라 아들을 입양했다. 아들 입양에는 나름의 '법도'가 있다. 큰집에 아들이 없으면 작은집의 큰아들이 양자로 가고, 작은집에 아들이 없으면 큰집의 작은 아들이 양자로 가는 게 당시 법도였다고 한다. 이서방네는 큰집이라 작은집의 큰아들을 양자로 데려왔다. 그러니까 이서방의 조카가 이서방의 아들이 되었고, 내 할머니의 사촌오빠가 법적으로 친오빠가 되었다. 어릴 때는 당연히 이러한 관계를 몰랐고, 나중에 엄마에게 전해 들었다. "그때는 다 그랬다"는 말과 함께. 아들 낳겠다고 '씨받이'를 들이거나 둘째 아내를 만들지 않는 것만으로도 참으로 인간적이고 합리적인 제도라고 여겨지던 시절.

이서방네 딸 다섯 중 학교를 다닌 사람은 막내인 내 할머니뿐이다.

아들과 막내딸만 보내고, 다른 네 딸은 다니지 못했다. 집안에 토지가 꽤 있었는데 당연히 모두 아들에게 상속했다. 아들을 필요로 하는 중요한 이유는 바로 재산 상속에 있다. '출가외인'이 되어 다른 성을 쓰는 자식을 낳아 기를 딸에게 재산을 상속하고 싶지 않았기 때문이다. 엄마가 외삼촌이라 부르고 할머니가 오라버니라 부르던 그 아들은 동네에서 드라마 〈전원일기〉 속 김 회장 같은 존재로 점잖게 품위를 유지하며 살다 가셨다. 그 집 부엌은 술과 각종 한과가 떨어지는 날이 없었고, 항상 먹을거리가 풍성했으며, 동네 사람들이 수시로 드나들며 음식을 집어 먹었다. 말 그대로 '곳간에서 인심 나는' 경우였다.

이서방네 딸들은 각자 결혼을 했으나 남편은 모두 일찍 죽었다. 어떤 남자와 결혼했는지에 따라 혼자 남은 여자의 생계 전선은 달라졌다. 당시는 그렇게 "여자 팔자는 뒤웅박 팔자"가 되었다. 운명이 남자에게 달린 삶이라니. 물려받은 재산은 없고 배움은 짧은데 남편들은 일찍 죽은 여자들이 할 수 있는 일은 그다지 많지 않았다. 농사짓는 집에 시집 간 여자들은 농사를 지었지만, 나의 할머니는 땅이 없어서 채소와 식료품을 팔았다.

생선 가게만큼은 아니지만 할머니 가게에서 팔던 식료품들은 대부분 그날그날 신선하게 관리해야 하는 품목이 많았다. 예를 들면 두부나 물미역이 그랬다. 물미역 중에서 굵은 줄기 부분은 찢어서 미역 줄거리로 만들어 팔았다. 할머니의 저녁 시간은 대부분 미역을 미역 줄거리로 만드는 노동으로 채워졌다. 미역이 바다에서 육지로 나와 스스로 소금물을 씻어내고 모습을 정돈한 뒤 홀로 온몸을 갈기갈기 찢어 시장 매대에 가지런히 올라갈 리는 없으니까. 5센티미터 정도의 나무토막에는 바늘이 여러 개 달려 있었다. 넓적한 미역줄기를 들고 바늘을 든 한 손으로 죽 찢으면 꼿꼿하던 미역줄기는 순식간에 먼지떨이처럼 갈가리 찢겨서 축 늘어진다. 그러면 손으로 그 줄기를 죽죽 찢어낸다. 한 움큼의 미역줄거리를 만들기 위해서 이렇게 수없이 미역줄기를 바늘로 찢는다. 어릴 때 할머니와 살면서 저녁이면 늘 할머니, 엄마와 함께 이 미역 찢는 일에 동참했다. 그저 재미있어서. 분명 할머니에게도 살결이 부드러운 때가 있었겠지만, 내가 기억하는 할머니의 손끝은 굳은살이 박여 있고 손톱 끝은 늘 바짝 깎여 있었으며 손등은 마른 누룽지처럼 퍽퍽했다.

할머니는 생의 마지막 일 년 반 정도를 요양원에서 보냈다. 할머니는 아무 말도 없이 누워서 간병인이 주는 요구르트를 겨우 받아먹을 뿐이었다. 요양원에 가기 전 늙은 어머니 모시는 일은 딸이나 며느리가 해야 하는 일이었다. 이 여성들 간의 교대로 이어지는 노동이 썩 원만하지만은 않다. 여자들끼리 지지고 볶으며 미안해하고 원망하고 죄책감을 가진다. 물론 아들들은 '돈 벌러 밖에 나가야 하니까'로 모든 가정사의 책임에서 물러설 수 있다. 아들들은 체면을 지킨다. 그 와중에 이 여성들은 '남편 밥'까지 챙기느라 분주했다. 그들은 모두 '좋은 사람'이다. 효자는 어떻게 만들어지는가. 세상에 문제를 만들지 않고 법 없이도 살 수 있다는 그 좋은 사람들의 체제 순응적인 성실함과 도리는, 다른 성性을 가지고 다른 성姓을 쓰는 이들의 노동을 기반으로 한다. 그 여성들 또한 '좋은' 사람들이라 '내가 좀 손해 보고 말지'라는 생각으로 자신의 도리를 수행한다.

경제학자 낸시 폴브레Nancy Folbre의 《보이지 않는 가슴The Invisible Heart》

조지 엘가 힉스, 〈여성의 임무: 노인 돌보기Woman's Mission: Comfort of Old Age〉(1862). '여성의 임무'는 총 3부작으로 각각 엄마, 아내, 딸로서 돌봄의 임무를 다하는 모습을 담았다.

은 거시경제학에서 탈락된 여성의 돌봄노동에 집중한 책이다. 거의 20년 전 책이고 미국 사례가 많지만, 노인 돌봄과 아이 양육이 여성에게 맡겨진 사회의 현실은 다르지 않다. 저임금, 높은 이직률, 공적 영역보다는 가정의 문제로 축소되는 양상은 같다. 돌봄은 주로 도덕적 문제에 머물러 있다. 특히 유교 문화권은 '효'의 개념으로 접근한다. 그러나 "착한 자녀의 딜레마가 있다. 자발적으로 먼저 도움을 제공하는 사람은 영원히 그 일에 묶여버릴지 모른다."[20] 이를 도덕의 관점이 아니라 경제의 관점으로 바라보면 어떻게 돌봄노동이 여성을 경제적으로 취약하게 만드는지 보인다. 경제학자들의 농담처럼, "전업주부와 결혼하면 GDP를 낮추는 것이고, 어머니를 양로원에 모시는 일은 GDP를 올리는 일이다."[21] 전업주부의 노동은 경제활동에 들어가지 않지만 양로원에서의 돌봄노동은 일자리 창출이기 때문이다. 이 얼마나 모순인가.

나의 엄마는 자신의 엄마를 돌보고, 아들의 딸을 돌보고, 남편의 누나인 독신 시누이를 챙겨왔다. 그 독신 시누이, 나의 고모는 또 제 엄마인 나의 할머니를 돌봤다. 독신 여성들이 집안사람을 돌보는 노동은 더욱 잘 보이지 않는다. 남편이 아프면 아내가 돌보지만, 아내가 아프면 집안도 제대로 안 굴러가고 아내를 돌보는 사람도 별로 없는 경우가 대부분이다.

> 나이 든 친척을 무료로 일주일에 여덟 시간 이상씩 돌보는 사람들의 3분의 2가 승진이나 훈련 기회를 놓쳐 직장에서 손해를 보았다고 한다. 놀랍지 않게 50세 이상의 노인을 집에서 돌보는 사람들의 약 4분의 3이 아내, 딸, 자매, 친구 등 여자들이다.[22]

어린아이의 양육은 '자라나는 미래'라는 생각에 그나마 사회적 관심을 받는 편이다. 출산에 대한 독려는 아이를 미래의 '공공재'로 보기 때문이다. 그러나 이제 늙어 사회적 생산 활동의 영역에서 멀어진 이들에 대한 돌봄은 더욱 소외당한다. 소멸될 대상을 돌보는 일이기에 사회적 관심에서 멀어진다. 성장하는 자녀를 양육하면서 자식의 미래를 통한 보상을 기대한다면, 죽음을 향해가는 노인을 돌볼 때는 이러한 보상을 기대하지 않는다. 일부 자산가만이 상속이라는 경제적 보상을 제공하는 대가로 자녀에게 질 좋은 돌봄을 기대할 뿐이다.

저임금이나 무임금을 변호하기 위해 흔히 '자기가 좋아서 하는 일'이라고 한다. 그러나 "그런 일에서 만족감을 얻는다고 해서 그 일의 생산적인 의미가 감소되지는 않는다. 영화배우, 야구선수, 최고경영자처럼 요즘 가장 돈을 많이 버는 사람들도 보통 자기 일을 사랑한다. 일을 사랑하는지 사랑하지 않는지에 상관없이 우리는 월급을 시장노동의 가치를 측정하는 수단으로 다룬다."[23] 그렇다. 노동자가 그 일을 사랑하는지 사랑하지 않는지는 그가 받을 임금과 별개의 문제다. 사장님은 회사를 사랑하니까 돈을 받지 않아도 된다고 말하는 사람은 없지 않은가.

사랑? 나는 할머니가 뭘 좋아했는지 잘 몰랐다는 사실을 뒤늦게 깨달은 적이 있다. 그 사람이 뭘 좋아했는지 모른다는 건 오직 사랑을 받기만 했다는 뜻이다. 사랑이 뭔지도 모르면서 사랑 타령 할 때가 많다. 언젠가 할머니 기일에 엄마에게 물어봤더니 할머니는 사과와 명태를 좋아했다고 한다. 시뻘건 가자미식해를 맛있게 만들던 할머니는 정작 흰살 생선을 쪄서 심심하게 먹기를 좋아했다.

내가 본 할머니의 마지막 모습은 미역줄거리보다는 건조된 고구마줄기에 가까웠다. 툭 건들면 바삭바삭 소리가 들리지 않을까 싶을 정도로 윤기 없고 바짝 말라 있었다. 할머니 장례식이 끝나고 엄마는 외쳤다. "엄마는 단백질 부족으로 죽은 거야!"라고. 온몸의 단백질을 모두 자식의 삶에 쏟아부었다. 이제 이서방네 딸 다섯은 모두 죽었다.

퍼스트 키친

다섯 살짜리 조카와 함께 차를 타고 이동하는 내내 차 안에는 동요만 흘렀다. 가족들 사이에서 한 동요의 가사가 화제에 올랐다. 〈어른이 되면〉이라는 노래는 '아빠는 넥타이 메고 출근하고, 엄마는 행주치마를 입고 배웅하는' 내용이다. 21세기에도 이런 동요가 불린다는 사실이 놀라웠다. 이렇게 어릴 때부터 남성은 일하는 노동자, 가족을 먹여 살리는 가장, 나아가 나라를 위해 큰일을 하는 사람으로 길러지는 반면, 여성은 노동자이자 가장이며 시민인 인간 남성의 보조자로 길러진다. 놀이와 교육은 어릴 때부터 아이에게 '어른이 되면' 살아가는 삶에 대한 상상의 영역을 분리시킨다.

가장 '큰일' 하는 사람이 머무는 곳, 청와대. 그곳의 주방, '퍼스트 키친'이 궁금하다. 2016년 박근혜 전 대통령이 청와대에 있을 때 이정현 당시 새누리당 대표를 초청한 오찬이 화제가 된 적 있다. 송로버섯, 캐비어 샐러드, 능성어 요리, 샥스핀 찜, 한우 갈비, 바닷가재 등 화려한 음식을 대접했다는 소식은 사람들에게 위화감을 불러일으켰다. 게

다가 박근혜 전 대통령이 임기 초기에 시장에서 '감자의 향기'를 맡던 사진을 떠올리면 그들의 식탁은 저 높은 곳 어딘가에 있는 듯하다. 우리는 감자를 살 때 상처가 났는지 싹이 났는지 알이 굵은지 살피긴 하지만 냄새를 맡진 않는다. 감자 향기 맡는 사진에 비하면 감 말리는 영부인 김정숙 씨의 사진은 훨씬 좋은 효과가 있다.

그렇다고 영부인이 음식으로 세금을 낭비하지도 않는다. '한식 전도사' 김윤옥 씨는 밥으로 외교를 펼치려 시도했으나 그 많은 국고가 어디로 증발했는지 궁금증만 남았다. 김정숙 씨는 "직접 만든 요리 내조"를 한다. 10시간 넘게 정성 들여 만든 인삼정과를 후식으로 대접하고, 기자들을 위해 화채를 만들며, 해외동포를 위해 직접 담근 무깍두기와 함께 간장게장 400인분을 준비하고, 장병에게는 통닭을 선물하며, 멜라니아 트럼프Melania Trump에게 직접 말린 곶감을 대접하는 등 '내조 외교'를 선보인다. 그동안 '직접' 담그고 '손수' 준비한다는 기사가 여러 차례 쏟아졌다. 나아가 언론은 영부인의 역할에 대해 기대감을 내비친다. 요리로 여야 원내대표들 마음을 사로잡을까, 영부인의 '요리 선물'을 통해 국회와의 협치를 기대한다 등등.

그동안 영부인 김정숙 씨의 활동을 소개하는 기사에는 이처럼 영부인이 만든 음식에 대한 정보가 가득하다. 말만 들어도 침샘이 자극받는다. 더구나 미국 교포를 위해 준비한 간장게장은 정말 감동이었다. 외국에 살면서 어지간한 한국 음식은 대충 비슷하게라도 흉내 내 만들거나 사 먹을 수 있지만, 게장은 도무지 해결이 안 되었다. 직접 대면한 적은 없지만 문재인 대통령과 영부인 모두 호감 가는 인상이고 섬세한 배려가 느껴진다. 그들이 내뿜는 인간적 매력이다.

세심하면서도 털털한 이미지를 주는 영부인의 모습은 많은 사람들에게 좋은 반응을 일으킬 수 있다. 영부인은 '운동movement'을 하는 사람이 아니다. 가부장제 속에서 남성 대통령의 여성 배우자는 훌륭한 보조자의 모습을 보여줄 때 '현실적으로' 가장 안전하다. 현실 정치를 하는 대통령의 지지율 관리를 돕는 사람으로 여겨지기에 영부인 입장에서는 자신의 역할에 최선을 다하고 있을 뿐이다. 그럼에도 어딘가 아쉽다. 게다가 이를 통해 우리 사회가 전하려고 애쓰는 메시지를 보자. "비늘 손질 잘해주세요", "주부 9단의 면모", "소금을 잘 뿌려달라". 2017년 추석에 장 보는 영부인을 언론은 이렇게 묘사했다. 기사 하나하나가 주부에 대한 평가다.

영부인은 '유쾌한 정숙 씨'라 불릴 정도로 친근함을 준다. 그러나이 '유쾌한 정숙 씨'를 대하는 시선을 보면 때로 유쾌하지 않다. 2012년 한 방송에 출연했을 때 요리하는 김정숙 씨를 보며 제작진은 이렇게 묻는다. "남편 분이 좋아하시겠어요. 요리 잘하셔서." 그러자 김정숙 씨는 "내가 음식 못해도 좋아했을 것 같은데?"라고 답한다. 여자의 요리를 잘한다 못한다로 평가 내리고 이에 따라 남자의 사랑을 받을 자격이 있는지 없는지 심사한다.

여자는 어떤 위치에 있든 결국 음식으로 사람을 대접하고 돌보는 역할을 맡는다. 영부인도 결코 예외가 아니다. 미국 영부인들의 요리법을 묶은 《영부인의 요리책: 미국 대통령들이 좋아하는 요리First Ladies Cookbook: Favorite Recipes of all the Presidents of the United States》라는 책도 있다. 영부인의 이미지와 역할은 이처럼 전통적 성 역할을 공식적으로 보여주는 데 머물러 있으며, 유권자들 또한 이 모습을 보길 원한다.

미국 영부인 중에서 음식 못하기로 유명한 사람이 엘리노어 루즈벨트Eleanor Roosevelt다. 게다가 그가 영부인으로 백악관에 있을 당시는 대공황 시기라 그는 백악관의 요리부터 간소화해야 한다고 생각했다. 루즈벨트 집권 이후 백악관의 식탁은 예전보다 훨씬 소박해졌고, 엘리노어 루즈벨트의 식탁은 악명을 떨쳤다. 1937년 백악관에 초대받은 어니스트 헤밍웨이Ernest Hemingway는 지금까지 그가 먹은 음식들 중 최악의 식사였다고 말했다. 후에 헤밍웨이와 결혼하는 유명한 종군기자 마사 겔혼Martha Gellhorn도 루즈벨트 부부와 식사를 하기 전에 미리 샌드위치를 먹었다고 할 정도로 엘리노어 루즈벨트의 요리에 불만을 드러냈다. 요리에 대한 책임은 여자의 몫으로 규정된다.

정치인이 남성에 고정되어 있고, 이 남성의 아내들은 남편을 위해 안팎에서 밥을 푼다. 유권자들은 (남성) 정치인의 (여성) 배우자들이 모여 자원봉사 하는 모습을 훈훈하게 바라본다. 여자의 시간은 여자의 것인가. 결혼한 여자의 시간은 누구의 것인가. 결혼한 여자의 자리는 누가 정해주는가. 이를 여성의 도리나 의무라고 우기지만, 결국 착취를 받아들이라는 뜻이다. 여성의 시간은 가족을 위해 쓰여야 하며, 여성의 자리는 남편 옆에서만 가장 '정상적인 권력'을 갖도록 구성되어 있다. 가부장제는 그렇게 여성 착취를 여성의 권력으로 포장해서 굴러간다. '내조'라는 말 좀 없어졌으면 좋겠다.

엘리노어 루즈벨트가 오늘날 가장 사랑받는 미국 영부인으로 꼽히는 이유는 그가 남편을 잘 내조했기 때문이 아니다. 오히려 기존의 영부인상에서 어긋나고 여성 인권의 진보에 기여했기 때문이다. 궁극적으로 나는 '영부인'이라는 개념이 차차 사라지길 원한다. '영부인의

버나드 프리드리시액, 〈엘리노어 루즈벨트Eleanor Roosevelt〉(1946). 대공황 당시 백악관의 식탁은 예전보다 훨씬 소박해졌고, 영부인이었던 엘리노어 루즈벨트의 식탁은 악명을 떨쳤다.

역할'에 대한 개념은 '남성 대통령'이 대통령의 기본이 되는 한 바꾸기 어렵다. 배우자가 없는 대통령, 여성 대통령, 동성애자 대통령 등이 등장해 남성 가부장 대통령이 기본값이 되는 제도가 흔들려야 한다. 어서 빨리 두 번째, 세 번째 여성 대통령을 보고 싶다. 그래서 더 이상 '여성 대통령'이란 말조차 무의미해졌으면 좋겠다. 영부인을 두고 '여사'

냐 '씨'냐 논할 일도 없어야 한다. 대통령의 '부군'이 해외교민을 위해 만든 간장게장을 상상해보라. 얼마나 어색한가. 그 어색함이 여성에게만 자연스러울 이유는 없다.

3장

먹히는
여자

로맨스와 강간 약물

1996년 12월 말, 서울 강남고속버스터미널. 나는 강릉행 고속버스에 올랐다. 겨울방학을 맞아 집으로 가는 길이었다. 내 옆 창가자리에는 하얀 제복을 입은 남자가 앉아 있었다. 두 시간 정도 지나 영동고속도로의 휴게소에 버스가 정차했다. 화장실에 다녀와 다시 내 자리에 앉아 있는데 옆자리 사관생도가 양손에 음료수를 들고 돌아와 내게 하나를 건넸다. "이거 … 좀 드세요. 몸에 좋은 대추차예요." 고속버스를 타고 다니다 보면 가끔 이렇게 음료수를 건네며 말을 붙이는 남자들을 만날 수 있었다. 거절도 못하고 우물거리며 음료수를 받아서 고맙다는 인사만 하고 그냥 들고 있었다. 잠시 후 사관생도는 다시 내게 조심스레 권했다. "드세요. 대추차가 몸에 좋대요."

대추차. 지금은 환경호르몬 때문에 온장고 음료를 꺼리는 사람이 많아서 건강에 민감한 사람이라면 '분위기 깨는' 음료가 된다. 그러나 당시는 1994년에 식혜가 캔음료로 출시되어 폭발적인 인기를 누린 후 각종 전통 음료가 많이 나오던 시기였다. 게다가 음료수도 호빵처

럼 따뜻하게 데워 판매할 수 있는 온장고가 보편화되면서 겨울 음료
의 다양성이 증폭되었다. 캔에 들어 있는 따뜻한 대추차란 나름 신제
품이었다.

재차 사관생도의 권유를 받은 뒤, 들고 있던 대추차를 따서 한 모
금 마셨다. 딸깍, 캔을 따는 순간은 마치 내가 잠긴 현관문을 열고 나와
그를 환영한다는 신호처럼 작동했다. 내가 마신 한 모금의 음료수가
목을 넘어갈 때 그는 얌전하게 내게 말을 붙였다. 학생이세요? 전공은
요? 와, 그림 잘 그리시나 봐요. 집이 강릉이에요? 그는 청주에서 공군
사관학교를 다니는 4학년 학생이며, 집이 삼척이라 강릉에서 다시 삼
척행 버스를 갈아타야 한다고 했으며, 나와의 접점을 찾기 위해 사관
생도들도 교양으로 예술 관련 과목을 조금씩 배운다는 말도 열심히
했다. 이렇게 기본적인 자기소개를 거치고 나서 대관령 정상 즈음 다
다랐을 때 버스가 예고 없이 멈췄다.

당시 영동고속도로에 대한 이해가 필요하다. 지금은 수많은 터널
을 통과하지만 예전에는 대관령 고개를 굽이굽이 넘어야 했다. 말 그
대로 아흔 아홉 고개를 넘는다. 경사진 왕복 2차선의 좁은 도로를 거
대한 구렁이를 타고 가듯 구불구불 넘어간다. 겨울에 폭설이 내리면
대관령 정상에서 차량이 늘 고립되곤 했다.

버스 기사의 안내 방송이 나왔다. 아까부터 내리던 눈발이 더 강해
졌고, 앞서 가던 차들이 줄줄이 멈춰서 정체 상태이며, 대관령 정상부
터는 차량 점검을 거친 후 체인을 감아 내려가야 하기 때문에 잠시 정
차한다고 했다. 뉴스에서 보던 '대관령에 차량 고립'이 나의 현실이 되
었다. 몇 시간이고 갇힐 수도 있다. 정상적인 상황에서는 15분이면 내

려간다.

사관생도가 준 따뜻한 대추차가 다행히 손을 덥혀주었다. 그가 창밖의 눈을 한참 보더니 내게 물었다. "영화 〈가위손〉 보셨어요?" "아니오." "저는 이렇게 눈이 펑펑 내리는 날이면 〈가위손〉이 생각나요. 위노나 라이더랑 조니 뎁이 함께 눈을 맞는 장면이 있는데 정말 아름답거든요." 폭설이 내리는 대관령 정상에 고립된 버스 안, 처음 만난 여자와 남자가 영화 〈가위손〉 이야기를 하며 창밖의 눈을 바라보고 있다. 그 남자는 하얀 제복을 입고 앉아서 조용히 말한다. 여기까지만 이야기하면 낭만적이다.

딸깍, 음료수 캔을 따는 순간으로 다시 휘리릭 필름을 되감아보자. 내 머릿속은, 분열적으로 이리저리 생각을 옮겨 다니기 바빴다. 사실 나는 사관생도가 음료수를 줄 때부터 중학교 2학년 때 영어 선생님이 들려준 일화가 떠올랐다. 버스 안에서 옆자리 남자가 주는 요구르트를 마시고 정신을 잃었다고 했다. 정신을 차려보니 버스 종점이었고, 지갑과 소지품이 모두 털린 뒤였다고 한다. 나는 대추차 캔을 따면서 '안 딴 캔이잖아. 뭘 넣기는 어렵겠지? 어디 뭐 구멍이라도 있나. 따뜻하잖아. 방금 휴게소에서 산 거야.' 이런 생각을 하며 눈알을 바쁘게 굴렸고, 음료수를 홀짝홀짝 마시면서 혹시라도 내가 정신이 괜찮은지 확인하며 그의 말에 대꾸했다. 그가 말한 '몸에 좋은 대추차'가 나를 잠들게 하는 약물일지도 모르는 일이다. 버스가 멈췄을 때 차라리 다행스러웠다. 어차피 우리 모두는 이 대관령 꼭대기에서 함께 고립되었으므로. 나는 혼자가 아니다.

다행히, 대추차는 그저 대추차였다. 그는 예의 바르고 깔끔했다.

영화 〈그날의 분위기〉처럼 "오늘 웬만하면 그쪽이랑 자려구요" 따위의 흉한 수작도 없었다. 수많은 의심과 실제의 위기 속에서 나는 지금까지 어찌어찌 잘 살아남았다. '잠재적 가해자'로 본다며 남자들은 억울해하지만, 실은 온 사회가 여자들의 일생에 걸쳐 남자들이 잠재적 가해자라고 가르친다. 잠재적 가해자가 아니라, 대부분 이미 공범이다. 여자에게 향하는 "조심해"라는 말이 이를 잘 알려준다. 곧, 공포를 통해 한 성이 다른 한 성을 지배한다. 반면 남성들은 남의 몸을 침범한 경험을 공유하며 남성연대를 맺는다. 이게 바로 강간문화다. 우리는 강간문화의 산증인 홍준표라는 사람이 무려 주요 정당의 대통령 후보까지 지냈다는 사실을 알고 있다. 그는 젊은 시절 돼지흥분제를 이용해 친구의 성폭력을 도우려 했던 일화를 아무 죄의식 없이 책에 썼다. 성폭력은 이렇게 사회적으로 희석된다.

반면 여자의 '조심하지 않은 죄'는 여성에 대한 남성의 각종 폭력보다 더 가혹하게 처벌받는다. 성폭력 피해자가 피해의 경험을 말하고 쓰는 일이 상대적으로 얼마나 어려운지 생각해보자. 누군가의 공포를 자양분 삼아 만들어진 로맨스가 넘쳐난다. 돼지흥분제를 여자에게 몰래 먹여 정신을 잃으면 '내 여자'로 만들겠다는 성범죄에 동참한 경험을 책에 쓸 수 있다는 사실에 나는 경악했다.

영화 〈엘르Elle〉에서 미셸(이자벨 위페르)은 섹스 파트너와의 관계를 정리하려 하지만 상대 남자는 집요하게 요구한다. 미셸은 그와 마지막으로 성관계를 맺을 때 시체처럼 가만히 있는다. 나는 뒤이어 나오는 남자의 대사를 듣고 놀랐다. "오늘 정말 좋았어. 어떻게 시체놀이를 생각했어?"

여자와 관계 맺을 줄 모르기 때문에 여자가 자발적으로 가만히 있지 않으면 강제적으로 '가만히' 있는 대상으로 만들기 위해 각종 약물을 개발한다. 데이트 강간 약물date rape drug은 미국에서도 캠퍼스 강간의 주요한 한 축이다. 수십 년 전 홍준표 후보와 하숙집 친구들의 행태는 정확히 이 경우에 해당한다. 아는 사람에 의한 강간Acquaintance Rape, "그것은 썸도 데이트도 섹스도 아니다." 대마초도 합법화되지 않은 나라에서 생명에 지장을 줄 수도 있는 약물을 여자에게 먹이는 '놀이'에는 어쩜 이리도 무감각할까. "아는 사람에 의한 강간의 주된 원인은, 가해자의 행동을 사회적으로 용인될 만한 것으로 만드는 폭력에 대한 무지함이다."[24] 자신이 한 일을 모르는 사람, '홍준표'가 용인되는 사회에 몸서리가 쳐진다.

정치인들이 너도나도 4차 산업혁명의 시대가 온다고 호도한다. 그 어떤 산업혁명이 와도 여성은 여전히 강간당한다. 여성에게 먹이는 강간 약물은 돼지흥분제에서 향정신성의약품으로 발전했고, 창호지를 뚫어 훔쳐보던 침범의 눈들은 최첨단 '몰카'로 바뀌고 있을 뿐이다. 이러한 일상의 폭력이 정치적 사안이 되지 못한다면, 여성은 시민권이 없다는 뜻이다. 의식 없는 여성에 대한 신체 접촉은 잠자는 숲속의 공주에게 키스하는 동화 속 왕자면 족하다.

여자를 먹다

이탈리아 식당에서 간단히 모임을 가진 후 마무리를 하던 중에 누군가 식탁 위 남은 음식을 손가락으로 가리키며 말했다. "이거 누가 좀 빨리 먹지 그래. 보기에 모양도 좀 그렇고 …… (일동 웃음)" 보기에 모양이? 나는 가만히 식탁을 들여다보았다. 이것저것 시켜서 함께 먹다 보니 모두가 마지막 수저를 양보하느라 거의 빈 접시 위에 약간의 음식이 붙어 있었다. 껍데기 없는 홍합 두어 개가 버터에 버무려져 번들거리며 벌러덩 누워 있다. 홍합의 모양이 거슬렸던 모양이다.

수사는 인간의 상상력 범주를 보여준다. 기와도 암키와와 수키와로 나뉘고, 실과 바늘, 볼트와 너트처럼 인간 여성과 남성을 상징하는 이미지는 대체로 동일한 시각적 틀을 지니고 있다. 무엇보다 암수 구별이라는 이분법에서 크게 벗어나지 못한다. 길쭉하고 튀어나온 것은 남성기로, 둥글고 구멍이 있거나 평평하면 여성기로 비유한다. 식食과 성性이 인간의 일상에서 밀접하다 보니 성을 먹거리에 비유하는 경우가 자연스럽게 있기 마련이다. 특히 언어가 남성의 지배 속에 있기에 여성을 향한 비유가 더욱 풍성하다. 앵두 같은 입술, 복숭아 같은 뺨이라는 '아름다운' 표현부터 작은 가슴을 비하하는 건포도, 성기를 칭하는 조개 같은 비속어에 이르기까지 여성의 몸은 부위별로 먹거리다. 여자를 음식 맛보듯이 생각하기 때문에 낯선 여자의 뺨에 혀를 내밀고 사진 찍는 모습까지 연출한다.[25]

여성의 몸이 구석구석 과일과 어패류가 되어가는 한편, 가슴 큰 여성은 '젖소 부인'이라 불린다. 여성의 가슴골을 '젖무덤'이라 표현하는 목소리를 들으면 여성 인간은 그냥 포유류 암컷인가 싶다. 하지만 어린 여성을 '영계'라 부르는 걸 보면 여자는 조류인 것도 같다. 아니다. 성폭력 피해자가 '꽃뱀'이 되는 걸 보면 여자는 파충류일 수도 있다. 그도 아니다. "룸에 가면 자연산을 더 찾는다"는 안상수 전 한나라당 대표의 발언을 떠올려보니 여자는 자연산 활어회, 그러니까 어류일 수도 있구나. 하지만 만취한 여자는 '골뱅이'라 부르니 패류로 확장되기도 한다.

한 커뮤니티에서 남편의 외도를 놓고 공방전이 벌어졌다. 남자의 외도를 나름 '쿨'하게 여기는 사람들의 표현 중에 이런 문장이 있었다. "매일 집밥만 먹으면 질리니까 가끔 외식도 해줘야죠." 여성을 인간으로 여기지 않는 깊은 무의식을 드러내는 언어가 바로 여성을 '먹는다'고 하는 표현이다. 성관계를 '떡친다'고 하거나 구멍에 빨대 꽂기 등등으로 표현한다. 김치녀, 스시녀, 된장녀, 간장녀, 밀크티녀, 미국 치즈녀 등 별별 종류의 '먹거리 여성'이 온 지구에 있다. 성 매수를 뜻하는 '2차'라는 표현도 여성을 먹거리로 여기는 발상에서 비롯한다. 여자가 후식인 줄 안다. 영어에서도 '먹다'를 뜻하는 동사 'eat'을 여자와의 성

관계를 말할 때 활용한다.

여성의 몸은 먹히는 고기이자 보이는 꽃이다. 여성은 식용과 관상용 사이를 오간다. 때로는 여성의 생산성 때문에 열매가 되기도 한다. 그래서 '먹'거나 '꺾'거나 '따먹'는다. 좋은 말로 여성을 표현한다고 해 봤자 꽃이나 열매다. 여성의 몸은 남성에게 먹는 음식으로 대상화되어 남성을 위한 쾌락의 도구가 된다. 여성의 뒤태에 대한 언론의 각종 집착도 여성을 시선이 있는 생명체로 여기지 않기 때문이다.

성적 대상화sexual objectification. '대상화'란 무엇일까. 느낄 줄 알며, 스스로 생각하고 결정하며 마땅히 존중받아야 할 권리가 있는 하나의 인격체가 아니라, 다른 주체의 목적을 위해 존재하는 대상으로만 여기는 태도를 대상화라고 한다. '성적' 대상화란 이 대상을 성적인 목적/도구로만 여긴다는 뜻이다. 대상화란 달리 말하면 '사물화'다. 생각하고 느끼는 인격체로 '보지 않는다'. 화化는 '되다'라는 의미다. 여성을 사물이 되게 해 의식이 없도록 만드는 상태가 바로 성적 대상화다. 의식이 없는 상태로 여기기에 여성을 식재료나 음식으로 보고 '먹는다'. 강간을 위해 강간 약물을 사용하는 이유도 여성을 의식이 없는 사물로 만들기 위해서다. 아무것도 할 수 없는 상태로 만들어서 홀로 '성'관계'라는 강간을 한다. 여성을 사물화하는 방식 중 하나가 '상납'이다. 성 상납에서 '성'을 남성이라고 생각할 리는 없다. 여성을 남성에게 상납한다.

베트남전쟁 당시 한국군들 사이에서 베트남 여성은 "한 끼 식사"였다고 한다. 남자는 바로 죽이고 여성은 집단 강간 후 죽였다.[26] 소설 《태백산맥》으로 유명해진 꼬막 맛은 강간에 대한 표현이다. 염상구가 외서댁을 강간한 뒤 "쫄깃쫄깃한 것이 꼭 겨울꼬막 맛"이라고 회상하는 표현은 유명하다. 폭력 이후, 염상구에게는 '맛'이 남았다. 소설 속 인물이지만 이런 인물이 소설에만 있지 않다는 사실은 굳이 설명할 필요가 없다. 여성을 '좋게' 다룬 문학은 또 어떨까. 화려한《아라비안나이트》에서 여자는 역시 과일과 잼과 맛있는 과자처럼 달콤한 쾌락의 원천이다. 초현실주의 운동의 대부라 불리는 앙드레 브르통André Breton은 여성의 입을 사랑했으나, 그가 사랑한 여성의 입에 말은 없었다. 그의 시 〈자유로운 결합〉에서는 여자의 입과 혀를 비롯해 온몸을 구석구석 찬양하며 "옛날 사탕과 해초 같은 성기가 있다"고 한다. 파트리크 쥐스킨트Patrick Süskind의 소설《향수》에서 살해되는 인물은 모두 여성이다. 이 여성들에게서 좋은 냄새가 나기 때문이다. 여성은 향과 맛을 뿜는 존재다. 심지어 음악도 여성이 만들었다고 하면 소리에서 '자궁 냄새'를 맡는 초능력자 남성이 있다.[27]

야나 스테르박Jana Sterbak의 작품 〈생고기 드레스〉는 70킬로그램이나 되는 소의 옆구리 살로 만든 드레스다. 살로 옷을 만들었으니 이 옷은 살인가 의복인가. 소-고기-옷으로 이어지는 과정에서 소라는 동물(생명)은 고기라는 먹거리를 거쳐 옷이라는 사물이 된다. 여성에 대한 대상화에 빗대어 동물과 여성을 '살'로만 대하는 남성 사회의 시각을 비판한 작품이다.

남성에게 '자유'란 많은 경우 여성을 향한 폭력으로 향한다. 여성을 자유, 상상력, 해방의 제물로 삼아 정치적 진보와 예술 창작을 일구어나간다. 그들의 자유는 '나와 자유롭게 섹스하는 여자'의 양성을 목적으로 한다. 정치와 예술에서 "말랑말랑한 뇌가 기여"[28]한 진보와 자

2010년 MTV 시상식에 생고기 드레스를 입고 참석한 가수 레이디
가가

유는 많은 경우 여성에게 폭력적이고, 이에 대한 문제제기 앞에서 '말
랑말랑한 뇌'는 순식간에 굳어버린다.

　　인간의 도덕성에 여성 비하는 포함되지 않는다. 성적 취향, 젊은
혈기 정도로 가볍게 여긴다. 흉하기 그지없는 자신의 마음을 '남자 마
음'이라 둔갑시켜도 안전한 현상을 볼 때마다 대체 '일반화'는 누구의

주 종목인지 새삼스레 되묻게 된다. 보통 남자의 기준을 과하게 낮춰서 남성에 대한 도덕성 검증을 편하게 만든다. 언제나 그렇듯이, 문제의 당사자보다 더욱 기가 막히게 만드는 인물들은 당사자를 옹호하기 위해 불순한 침묵을 택하거나 적극적으로 그를 감싸는 무시무시한 남성연대의 주역들이다.

청와대에는 여성을 성적 대상화하는 책을 쓴 탁현민 기획자가 있었으며, 법정에서는 여성을 죽인 자들을 이해하는 법관들의 판결이 빛을 발한다. 머리부터 발끝까지, 여성의 몸은 구석구석 비인격적인 '살'이다. 여성의 사물화란 사소한 성희롱부터 살인까지 모두 연결되어 있다. 온 사방에서 여자를 먹는 아귀들의 소리가 가라앉질 않는다. 관계 맺을 줄 모르는 불쌍한 인간들의 소음이다. (탁현민이 책에서 언급한) "몸을 기억하게 만드는 여자"도 남자를 기억할 줄 아는 의식이 있다. 그 기억 속의 나는 어떤 사람일까 생각해보길.

바나나 먹는 여자

응구기 와 시옹오의 소설 《피의 꽃잎들》 속 '완자'는 와인과 여자를 어떻게 동격으로 둘 수 있냐고 되받아친다. 여자와 술을 '남자가 취하는' 똑같은 대상으로 놓는 습관은 어느 나라에서도 예외가 없다. 여자를 '취하고', 여자에게 '취한다'.

2017년 문재인 정부가 출범하면서 첫 번째 법무부 장관에 지명되었던 후보자는 여러 가지 문제로 결국 스스로 물러났다. 많은 문제 중 하나가 허위 혼인신고였다. 42년 전 좋아하던 여성의 도장을 파서 허위로 혼인신고를 했다는 사실이 드러나자 갑자기 사방에서 "옛날에는 (여자를) 보쌈도 했다"는 소리가 들렸다. 여자를 보쌈한다니, 여자의 살이 정말 돼지 수육이면 참 좋겠다는 생각이 들었다. 나야말로 보쌈이 먹고 싶은데 수육을 삶기가 귀찮아 참고 있으니까.

아폴로 11호가 달에 착륙한 지 50년이 지났어도 지구별의 남성들은 달나라에서 토끼가 방아 찧던 시절의 '낭만'을 공유하고 싶어 한다. 세상이 진화하든 진보하든 '남자의 본능'이라는 세계를 끌어 붙들고,

언제나 수렵과 채집의 시대로 돌아가 '사냥꾼' 본능을 발휘하려는 움직임은 예견된 일이다. 여자를 보쌈하기? 이 세상 모든 비유의 척결이 목표도 아니고, 그건 가능하지도 않다. 다만 불균형적으로 퍼져나가는 우리의 차별적 언어는 '자연'이나 '본능'이 아니라 인간이 힘으로 축적한 수치스러운 흔적임을 자각할 필요가 있다.

여자만 먹거리에 비유될까. 남자도 물론 먹거리에 비유되곤 한다. 그러나 그 범위가 훨씬 좁고 활용도가 낮음은 물론이요, 나타나는 양상이 전혀 다르다. 일단 남자의 몸은 별로 먹을 게 없다. 초콜릿, 고추, 소시지, 오이, 바나나 등인데 대부분 성기에 집중되어 있다. 돼지 수육부터 자연산 회까지 온갖 유기농 산해진미를 온몸에 고루고루 갖춘 여성의 몸에 비하면 영 부실하기 짝이 없을뿐더러, 가공 육류도 있고 음식의 궁합도 서로 잘 안 맞는다.

지오르지오 데 키리코Giorgio De Chirico의 그림 〈시인의 불확실성〉을 보자. 아프로디테 토르소와 바나나 한 무더기가 있다. 여성의 벌거벗은 몸뚱이와 바나나가 함께 있으니 오늘날에는 에로스적 상징으로 본다. 그러나 데 키리코의 그림은 수수께끼다. 그의 다른 그림 〈몽파르나스역〉에도 바나나가 덩그러니 놓여 있다. 몽파르나스역에 놓인 기차와 바나나의 관계는 여행을 연상하게 한다. 〈시인의 불확실성〉의 뒤편에도 기차와 배가 있다. 기차역과 증기기관차는 19세기 후반부터 미술과 영화에서 새로운 문명과 이동의 자유를 상징하는 대상으로 꾸준히 불려나왔다. 당시의 바나나란 이렇듯 이동을 통해 얻을 수 있는 이국적인 문화의 상징이었다.

지금 바나나는 상대적으로 저렴한 과일이다. 1980년대 후반까지

지오르지오 데 키리코, 〈시인의 불확실성The Uncertainty of the Poet〉
(1913). 여성의 벌거벗은 몸뚱이와 바나나가 함께 있으니 오늘날에
는 에로스적 상징으로 본다. 그러나 데 키리코의 그림은 수수께끼다.

지오르지오 데 키리코, 〈몽파르나스역Gare Montparnasse〉(1914). 몽파
르나스역에 놓인 기차와 바나나의 관계는 여행을 연상하게 한다. 당
시의 바나나란 이렇듯 이동을 통해 얻을 수 있는 이국적인 문화의
상징이었다.

만 해도 한국은 바나나가 비쌌기 때문에 주로 손님이 오면 맛볼 수 있는 선물용 과일이었다. 마치 '일제' 전자제품처럼, 바나나를 먹어본 경험은 '고급 수입 문물'을 체험한 듯한 기분을 안겨줄 정도였다. 당시 바나나에 담겼던 '수입'과 '고급'의 상징성이 오늘날 사라졌듯이, 상징은 시대적 상황에 따라, 혹은 개인적 경험에 따라 가변적이다.

상상력의 자유가 아주 협소한 영역에 있는 모습을 보면 답답하기 짝이 없다. 상상의 성애화는 상상력을 길러주기는커녕 상상력의 범위가 성애 안에 갇혀서 확장하지 못하게 만든다. 그러니 '바나나'에 대한 상상력이 뻔해지고, '바나나 먹는 여자' 타령이나 하게 된다. 성차별적 인식이 얼마나 상상력을 가둬놓는지는 '페리에 광고' 논란[29]이나 이구영 작가의 그림 〈더러운 잠〉을 둘러싼 논란을 보면 알 수 있다. 여성의 성 해방과는 무관한, 여성을 향한 남성의 자유로운 대상화를 마치 '리버럴'의 정신이라도 되는 양 갈망한다. 여자를 죽이거나 벗기는 진부한 표현을 무한 반복하면서 상상의 자유를 외치는 희한한 상황이다. 한 여성 연예인이 입에 휘핑크림을 잔뜩 뿌리는 동영상을 인스타그램에 올렸을 때 반응을 떠올려보자. 여성을 대상화하는 문제에 대해서는 성적 판타지가 어쩌고 하면서 자유를 외치다가도, 정작 여성이 입에 휘핑크림을 뿌려대며 얄궂게 웃으니 온통 성질내기 바쁘지 않았나. 그 성난 반응에서 찾을 수 있는 자유는? 없다.

일부 이슬람 문화권에서는 여자들에게 '성기처럼 생긴' 오이와 바나나 등의 음식을 직접 만지지 못하게 한다는 기사를 읽은 적 있다. 요리를 위해 필요한 경우 남자들이 이 식재료를 잘라서 준다고 한다. 영화 〈김복남 살인사건의 전말〉에서는 길쭉하게 튀어나온 물건을 입에 넣는 여성이 있고, 이를 바라보는 남성을 보여주는 장면이 등장한다. 복남은 자신을 죽이기 위해 남편이 들고 있던 칼끝을 자신의 입에 물고 혀로 살살 핥는다. 이를 본 남편이 정신 못 차리고 느슨해진 틈을 타 상황은 전복되고, 복남은 순식간에 그 칼을 입에 물고 남편을 찔러 죽인다. 길쭉한 것에 대한 애착만큼이나 '구멍만 있으면' 여자 성기를 연상하는 구멍애자들에게는 심지어 블랙홀도 외설스러운 작명으로 보였다. 그 머릿속이야말로 진짜 블랙홀이다.[30]

또한 남성기에 비유되는 먹거리에 대해 늘 품고 있는 궁금증이 있다. 남성기에 대한 비유는 묘하게도 평상시 모습이 아니라 발기된 상태를 기준으로 한다. 그래서 바나나를 남성기에 비유한다. 심지어는 '가운데 다리'라는 말도 있다. 대상화라기보다 오히려 남성성의 과시용으로 쓰인다. 즉, 바나나와 소시지 등은 여성에 의한 남성 대상화가 아니라, 남성 사회가 소망하는 이미지다. 다시 말하자면 오이, 고추, 바나나, 소시지 등으로 남자가 대상화되는 것이 아니라, 이것들을 '먹는 여자'를 대상화하며 이 여자들을 보는 쾌락을 누리려 한다. 이처럼 '먹는 여자'는 또다시 목적어가 되어 관상용이 된다. 이러한 마음을 '예능'이라는 이름으로 조금만 포장하면 바로 JTBC의 〈잘 먹는 소녀들〉이라는 프로그램이 되는 것이다. 이 프로그램을 보면 먹는 여성을 향한 성적 대상화가 어떻게 문화가 되는지 알 수 있다. 닭뼈를 먹는 여성의 입을 클로즈업 해 반복적으로 보여준다.

작은 고추가 맵다는 말이 있다. 몇 년 전 방앗간에 고추를 빻으러 간 엄마가 덜 맵다는 고추를 텃밭에 심었는데 고추가 무지하게 맵다고 했더니 방앗간 사장님이 말하길, 가뭄이 심한 후에 장마가 계속되는 악조건 속에서 자란 고추가 더 맵다고 했단다. 실제로 고추 전문가들의 의견을 찾아봤다. 고추의 맵기 정도는 크기가 아니라 습도와 관계가 있다고 한다. 건조한 지역의 고추는 덜 맵고, 습기가 많은 환경에서 자란 고추는 각종 병충해에서 스스로를 보호하기 위해 매워진다고 한다. 곧, 고추의 매움은 온도와 습도 등 환경의 영향이지 고추 크기와 관련이 없다. 작은 고추가 맵다는 말은 아마도 작은 고추가 맵기를 바라는 누군가의 열망이 담긴 표현일 것이다.

남자의 성기는 음식보다는 주로 공구나 기계에 비유된다. 총, 카메라처럼 무언가를 찍거나 쏘는 도구다. 그래서 '물건'이 된다. 남자의 물건. 이 물건들은 찍고 쏘는 대상을 필요로 한다. 스스로 대상이 되지 않는다. 불법 촬영은 '물건'에 해당하는 남성의 성기와 눈을 기술적으로 확장한 성범죄다.

미국 남서부의 뉴멕시코주에 가니 온통 고추투성이였다. 집집마다 걸어놓은 고추들은 색깔도 크기도 다양할뿐더러 황토색 어도비 양식의 건축물과 어우러져 보기에 예뻤다. 마음에 잠깐의 평화와 아름다움을 주는 고추들. 조지아 오키프Georgia O'Keeffe의 활짝 핀 꽃이 떠오르는 뉴멕시코에서 고추 그림이 그려진 컵을 하나 사왔다.

밥 때문에 죽는 여자들

점심 초대를 받아 풍성한 식사를 한 뒤 작은 농장을 둘러보기 위해 일어났다. 식탁 위에는 우리가 먹다 남은 스키야키 국물이 흥건한 냄비와 접시들이 널려 있었다. 일어서며 나는 습관적으로 빈 접시들을 포개기 시작했다. "그럴 필요 없어요. 나는 아주 좋은 아내가 있어요" 하며 나이 지긋한 점잖은 남자 집주인이 분주한 내 손길을 한사코 막았다. "우리는 아주 좋은 식기세척기가 있어요"라고 했다면 훨씬 자연스러운 문장이겠지만, '식기세척기' 자리에 '아내'가 있었다. "나는 좋은 아내가 있어요"라는 이 짧은 문장이 음절별로 또박또박 내게 와서 콕콕 박혔다. 굿 와이프!!! 오, 아내란 대체 '무엇'인가. 냉장고가 있어 행복한 식기세척기인가.

영화 〈카트〉에는 파업하면서도 애들 밥걱정에 전전긍긍하거나, 아예 파업 현장에 아이를 데려온 여성 노동자들이 등장한다. 한편으로는 "여기 나와 있으니 밥 달라는 사람이 있나 물 달라는 사람이 있나" 하면서 오히려 발 뻗고 자겠다는 우스갯소리들을 한다. 자본주의와 싸우

조지 엘가 힉스, 〈여성의 임무: 남성의 반려자Woman's Mission: Companion of Manhood〉
(1863). 빅토리아 시대에 여성이 지켜야 할 덕목을 전달하기 위한 목적으로 이러한
작품이 제작되었다.

며 가부장제에 종속된 여성들의 처지를 압축적으로 담고 있다.

내가 장기간 집을 비우면 혼자 있는 남편의 밥을 걱정하는 사람들
이 출몰한다. 이런 사람들은 반대로 남편이 장기간 집을 비우면 내게
"밥 안 해서 좋겠다"고 한다. 정말 해괴하지 않은가. 부부의 '관계'에
대한 근본적인 문제가 담긴 말이다. 여자는 밥 '하는' 사람이고 남자는

밥 '먹는' 사람이다. 나도 먹는데? 내가 왜 밥 '하는 사람 입장'이야? 게다가 평소에 식사 준비는 같이 하고 같이 치우며 같이 장을 본다. 아내의 수발을 받아 공부하고 자리를 잡은 남성들은 미국이나 유럽에서 아무리 별별 문화적 충격을 겪어도 '여자가 차려주는 밥을 먹어야 한다'는 생각을 신줏단지처럼 모시고 사는 경우가 있다.

여성에게 꾸준히 전달하는 이런 종류의 말은 결코 무심결에 튀어나오지 않는다. 식사 준비는 너의 몫이라고 가르쳐주려는 결연한 의도가 담긴 행동이다. 얼굴 예쁜 여자는 3년이지만 음식 잘 하는 여자는 평생 간다는 버르장머리 없는 말이 있다. 여성의 성 역할로 밥하는 임무를 정해놓고 이를 잘하는지 못하는지 굳이 확인하려 드는 이유는, 성을 빌미로 굴복시키겠다는 의도다. '밥하는 여자'라는 너의 본분을 알려주겠다는 의지 표명, 일종의 훈육이다. 이런 마음의 밑바닥에 웅크리고 있는 감정은 두려움이다. 늘 여성이 필요했던 남성들 입장에서는 이 본분에서 벗어나려는 여성들의 움직임이 남성의 존재를 근본적으로 위협한다고 여겨진다. 정체성의 상실, 내 위치의 붕괴, 나는 여자(의 몸과 밥)가 필요한데 여자는 나를 필요로 하지 않는 이 엇갈림을 어떻게든 막아보겠다는 의지가 극단적인 폭력으로 표출되기도 한다.

이런 남자들은 그래서 감정노동을 하거나 집안일을 하는, 통념적으로 여성의 노동이라 여겨지는 노동을 수행하는 남성을 업신여기려고 작정한다. 기생오라비 같은 게, 남자 새끼가, 기집애처럼, 쫀쫀하게 등등. 자유한국당 전 대표 홍준표가 집에서 설거지 안 한다며 "남자가 하는 일, 여자가 하는 일이 다 하늘에서 정해져 있다"고 발언한 이유는 결코 '그냥'이 아니다. 자신을 지지하는 이들이 좋아할 소리임을 알기 때문이다.

'엄마'라는 이름이 들어가는 드라마가 비슷한 시기 연이어 등장하기에 모니터링을 한 적 있다. 이 드라마들은 엄마라는 이름으로 희생되는 여성의 서사를 말하는 듯하지만, 실제로는 이를 여성의 어쩔 수 없는 역할로 규정지어 시청자에게 가르친다. 2015년 방영된 〈엄마〉의 대사다.

> # 세령(홍수현)의 집
> 세령의 엄마: 나, 당신 밥 공짜로 먹은 적 없어.
> 세령의 아빠: 당신이라는 여자가 밖에 나가 돈 벌어본 적 있어?

극중 세령의 아빠는 아주 현명하고 좋은 사람으로 나온다. 이 좋은 사람이 집에서는 밥상을 뒤엎고 아내에게 '밖에서 돈을 번 적이 없다'며 소리지른다. 이는 모순된 인간을 보여주기 위한 드라마의 장치가 아니었다. 또 다른 장면을 보면 알 수 있다. 이 아버지는 딸에게 "밖에 나가서 일하는 남편. 새벽에 먹는 뜨끈한 밥, 저녁에 집에 오면 차려주는 밥, 그걸 안 하려면 왜 결혼했어?"라고 한다. 이 딸도 밖에 나가서 일한다. 신기하게도 여성의 노동은 모두 투명해진다. 맞벌이 부부지만 남편 밥 챙기는 몫도 여자의 몫이며, 심지어 디저트 가게를 운영하는 시어머니 영업장에서 일을 돕는 며느리의 역할도 요구받는다. 이제 남편의 주변 사람들을 보자.

영재(김석훈)의 직장

직장 상사: (속이 아프다는 영재를 보며) 그거 새신랑 증후군이야. 엄마가 챙겨준 밥 먹다가 밥 대신 커피 먹고 그러니까.

시누이가 올케에게

윤희(장서희): 너 살림을 제대로 하는 거냐? 네가 해준 반찬으로 밥상 차린 적 있어? 와이셔츠 한번 다려준 적 있어?

가족과 직장에 있는 남편의 주변 사람들은 '엄마 밥'에서 '아내 밥'으로 안전하게 갈아타지 못한 새신랑을 연민한다. 실제로 이러한 연민이 여성을 향한 남성의 각종 폭력을 '이해'하는 배경으로 활용된다. 상추를 봉지째 밥상에 올렸다고 죽이거나, 밥을 안 차려줬다며 살해를 시도한 남편이라는 이름의 폭군들. 일부의 문제가 아니다. 밥 안 줘서 아내를 살해하는 남자들 덕분에 여성 일반을 조심시킬 수 있기 때문이다. 이 '나쁜 놈'을 남성연대는 꼭 필요로 한다. 모든 남성이 '나쁜 놈'은 아니더라도, 이 나쁜 놈 덕분에 남성은 여성을 지배할 수 있다. 아내를 살해했거나 살해를 시도한 남편에게 법이 관대한 이유다.

여성에게 남성이 끊임없이 밥을 강조하는 태도는 정확히 권력의 표현이다. 여성에게서 가장 필요로 하는 두 가지가 밥과 섹스이기 때문이다. 시몬 드 보부아르Simone de Beauvoir의 지적대로 "어떻게 아내를 하녀인 동시에 반려자로 할 수 있을까 하는 것은 남자들이 해결하려고 애쓰는 문제들 중의 하나"[31]다. 이 문제를 해결하기 위해 만들어진 환상이 바로 '사랑'이다. 마리아 미즈Maria Mies는 이 구조적 폭력이 어떻게 여성에게 사랑으로 둔갑하는지 정확히 지적한다.

> 이 '문명화 과정'이 마무리되는 시기에, 여성은 한 남성을 위한 가정주부이거나 자본가를 위한 임금노동자로, 혹은 둘 다로 훈련되었다. 이들은 수세기 동안 자신에게 사용된 실제적 폭력을 자신에게로 돌리면서 내면화했다. 그들은 이를 자진해서 한 것으로, 사랑으로 규정했다. 자기억압에서 필수적인 이데올로기적 신비화였다. 이런 자기억압을 유지하기 위해 필수적인 제도적·이데올로기적 소품을 교회, 국가, 가족이 제공했다.[32]

여성을 '사랑의 노예'로 만들어 임금 없는 '가정주부화'하는 것은 가부장제와 자본주의의 전략이다. 여기에 더해 밖에서는 돈을 벌어오고 안에서는 여전히 전통적인 가정주부 역할을 수행하는 이중노동의 삶을 '능력'이라는 이름으로 강요한다. 살아 있는 동안 남편 집안의 죽은 사람들 밥상까지 차리는 여자들이 밥 때문에 맞아 죽기까지 하다니. 남편에게 밥을 먹이지 않으면 남편에게 잡아먹힌다. 밥 때문에 남편에게 맞아 죽은 여자들을 애도한다.

나혜석이 남긴 세계 여행기에는 이탈리아에서 식사하는 장면이 나온다. 그에게 남편과의 식사는 여행의 피로를 물러가게 해준다. 한 사람이 다른 사람에게 밥상을 바치는 상황이 아니었기 때문이다. 밥상에는 사랑이 필요하지만, 사랑도 노동이다. 이 노동을 어느 한쪽만 수행할 때 행복은 물러가고 피로만 남을 것이다.

이탈리아 음식으로 유명한 마카로니와 생선으로 저녁을 먹었다. 질기면서도 맛이 붙는 마카로니도 먹어보지 못하던 맛이거니와 이곳 운하에서 잡은 생선 맛은 생전에 잊을 것 같지 않다. 힘든 여행의 피곤도 부부가 마주앉아 식사할 때는 멀리멀리 물러가고 단란한 행복이 있었을 뿐이다.[33]

노래방보다 룸살롱

어쩌다 보니 많이 걸었던 2014년 어느 여름날이었다. 가슴에 "단식 1일째"라고 적힌 노란 종이를 단 사람들이 가득한 광화문의 단식 농성장 안을 돌고 돌았다. 남자들은 모두 수염이 까칠하게 돋아 있는 모습이었다. 눈을 마주치지 못하고 천막 안을 돌고 또 돌다 보니 배가 고팠다. 점심도 든든히 먹고 후식으로 케이크까지 먹었으면서 또 배가 고팠다. 나는 '단식'이라는 글자를 보며 저녁은 어디서 먹을까 생각했다. 병원으로 실려간 유민 아빠가 몸에 조금이라도 힘이 남아 있다면 다시 단식을 시작하려 한다는 신문 기사를 읽으면서도 나의 오늘 저녁 식사 메뉴를 떠올렸다.

배가 쪼록쪼록 고픈 채로 동네 중국집에 갔다. 원탁에 남자 네 명이 앉아 흥겹게 술을 마시고 있었다. 소주가 세 병, 짬뽕 국물과 탕수육이 담겼던 흔적만 남은 커다란 접시가 가운데 있었다. 나는 적당한 곳에 자리를 잡고 짜장면을 주문했다. 남자 네 명이 조금 시끄럽긴 했지만 별로 신경 쓰지 않았다. 그들이 많이 취하지도 않았고, 손님이 전혀 없는 식당보다는 그렇게 시끌벅적한 편이 차라리 낫다고 생각했다.

"아, 노래방에서 세 시간 이상 놀려면 차라리 룸살롱을 가는 게 낫다니까."

이 말이 들리기 전까지는.

"룸살롱이 어떻게 더 싸냐? 우리 넷이 가려면 120만 원, 120만 원은 줘야 하는데 어떻게 룸살롱이 노래방보다 싸?"

"에이, 아니라니까, 노래방이 사실 비싼 거야. 노래방에서는 맥주나 소주만 마셔서 그렇지, 양주 마셔봐, 어차피 그 가격 나온다구."

"노래방에서 양주를 팔아?"

"파는 데가 있어. 노래방이 싸지 않아. 룸살롱은 120만 원 내고 마음대로 데리고 놀 수 있잖아. 그거 다 포함된거야. 그런데 노래방은 그게 안 되잖아. 시간당 가격 올라가지, 아가씨 가격 따로 있지, 아가씨 한 명에 얼마야?"

"2만 원 하지?"

"노래방은 우리 마음대로 하지도 못하구, 시간당 얼마 다 따지고, 이거 계산해보면 우리 넷이 룸살롱 가서 120만 원 내고 마음대로 하는 게 더 싸. 세 시간 이상 놀려면 룸살롱 가는 게 더 낫다니까."

"집에 가는 게 더 낫지 않구? 집에 가면 공짠대?"

"룸살롱이 더 싼 줄은 몰랐네."

그 사이 짜장면이 내 앞에 도착했고, 나는 고개를 들지 못한 채 짜장면을 비볐다. 경멸과 두려움이 담긴 내 눈빛이 그들에게 전달될까봐 뒷목에 힘을 주고 고개를 들지 않았다. 경멸은 부끄러움 없이 쏟아내는 그들의 말이 역겨웠기 때문이고, 두려움은 주변에 있는 '아가씨'

따위에 아랑곳없이 아가씨의 가격을 말하는 그 뻔뻔함 때문이었다.

"신랑 친구들이 갔으면 일찍 일어나서 밥을 차려주고 그래야 할 거 아니야. 그런데 애가 일어나서 밥을 하는 거야."

룸살롱 예찬자와 같은 목소리로 들렸다. 술을 먹고 친구나 후배 집에서 잤는데, 그 집 아내가 밥을 안 차리고 남자가 차렸다는 얘기를 하고 있었다. 나는 정말 얼굴을 보고 싶은 마음이 몽글몽글 피어오르는데 꾹꾹 내리누르고 짜장면만 열심히 집어 올렸다. 그러다가 그중 한 명이 앞으로 자기 아내와 식당을 차릴 계획을 말하기에 그때 고개를 들어 네 명의 모습을 찬찬히 살폈다. 유민 아빠 또래로 보이는 그들. 단정하고 멀쩡한 모습이군. 그럼, 멀쩡하지. 지검장이라는 사람이 음란 행위를 하며 돌아다니고 고위직들의 '성 접대'가 암암리에 펼쳐지는데 '그까짓' 룸살롱 타령이야 식상한 일이라 할 수 있겠지. 나는 내 눈빛을 들키기 전에 다시 고개를 숙이고 짜장면을 먹었다.

"배에 나이트클럽이 있어. 거기는 부킹이 잘돼."

역시 룸살롱 예찬자의 목소리다. 그는 홍도를 비롯해 섬에 가는 유람선에 대해 이야기하기 시작했다. 섬에 가는 길에도 그들의 관심은 부킹이었던 모양이다. 옆에서 다들 거들었다.

"내릴 때 손잡고 내린다니까."

"나이트클럽에서 계속 춤춰. 배가 침몰할지도 몰라. 키키키키."

춤추다가 배가 침몰할지도 모른다는 말을 우스갯소리로 던지기에 나는 또 고개를 들어 그들을 바라보고 싶었다. 올라가려는 고개를 꾹꾹 누르고 단무지를 우적우적 씹어 먹었다. 이들의 입에서 나오는 말이 하도 '신선해' 나는 천천히 가방에서 노트를 꺼냈다.

"그런데 내려서 어디로 가?"

"걱정 마. 내리면 모텔 많아."

"한 시간 안에 어떻게 부킹이 이뤄져?"

"한 시간이 무지 길어. 그게 짧은 시간이 아니지."

"세우는 데만 1시간이다. 55분 동안 세워서 5분 만에 끝내겠네."

"야, 니 얘기 하지 말구."

"니 얘기 하지 마 임마, 키키키키키"

단무지를 더 먹고 싶은데 추가로 먹는 단무지는 셀프다. 단무지를 가지러 가려면 그들이 있는 테이블 옆을 지나야 했다. 나는 계속 투명인간처럼 있고 싶어서 단무지를 가지러 가지 않았다. 남자 한 명이 당구를 치러 가자고 한다. 누구는 집에 가자고 한다. 당구장이든 집이든 나는 제발 그들이 빨리 이 식당에서 나가기를 기다렸다. 단무지를 더 가져다 먹고 싶었다.

룸살롱 예찬자인 '형님'이 음식 값을 계산하며 나갔고, 다른 남자들이 왜 형님이 또 돈을 쓰냐고 한다. '형님'이 말하길, "노래방 한 시간 값도 안 되는 걸 가지고 뭘." 그들이 나갔다. 노래방에서 '도우미'를 부르면 한 시간에도 많은 돈이 들겠지. 여자를 사지 않은 식사는 별 게 아닐 것이다. 그들이 문밖으로 나가 완전히 보이지 않게 되자 나는 단무지를 가지러 갔다. 접시에 단무지 네 쪽을 담아 올리고 돌아서는데, 주방에서 목소리가 들린다.

"더러운 세계야. 아까부터 들었는데 하여튼 남자들의 세계란!"

주인은 아마 나를 의식하고 있었던지 그 남자들이 나가자 내게 대뜸 이렇게 말을 던졌다. 커다란 웍 앞에 서서 나무주걱을 휘젓는 그의 뒤통수가 보였다.

유흥업소에서 '물이 좋다'고 할 때 '물'은 여자다. 여자를 데리고 노
는 남자들은 가성비를 세심히 고려해 어느 물에서 놀지 고른다. '성 상
납'이라고 하면 엄청난 권력을 지닌 사람들의 특별한 일탈처럼 착각
하지만, 그렇지 않다. 기업에서 승진한 남자들은 승진했다고 동료들
에게 한잔 사기 위해 룸살롱을 간다. 남자들이 '좀 크게 놀면' 하룻밤
에 200~300만 원도 쓴다는 '평범한 회사원'은 너무 평범해서 아무도
그들을 특별히 이름 붙여 부르지도 않는다. '평범한 회사원'은 승진 후
동료들을 데리고 룸살롱에 가서 거하게 내는 게 일종의 문화라고 했
다. 옳고 그름을 판단할 수 있는 영역이 아닌, 이미 굳어져버린 어떤 문
화이기에 '나만 빠질 수는 없다'며. 그렇게 다들 둔해졌다. 상납인지,
매매인지, 폭행인지도 모른 채 여자를 장난감처럼 가지고 노는 이 세
계. 집에 가면 공짜, 공짜. 이 소리가 계속 맴돈다.

4장

먹는
입

청소도구실의 믹스커피

서른 즈음, 결혼시장에서는 전성기였지만 노동시장에서는 다른 상황이 펼쳐졌다. 기껏 내 업무와 관련한 정보를 열심히 준비해서 면접을 보면 "남자친구 있느냐"는 질문 앞에서 '있는 게 좋은지 없는 게 좋은지' 머리를 굴려야 했고, 막상 일을 하면 "적당히 일하다가 시집갈 거 아냐?"라는 질문 앞에서 한창 분개하던 시절이다.

나는 새벽에 영어학원을 갔다가 출근하느라 집에서 아침 식사를 못하고 나왔다. 새벽반 수업을 마치고 사무실로 들어올 때, 바쁘고 피곤한 일상이지만 희미한 어둠 속에서 제일 먼저 불을 켜며 적막을 깨는 나름의 쾌감이 있었다. 나는 열심히 살고 있어! 이런 기분이 피로를 조금 잊게 해줬다. 그런데 아무도 없는 공간에서 혼자 책상에 앉아 토스트를 먹거나 집에서 간단히 싸온 과일을 먹다 보면 꼭 누군가가 나타났다. 두 명의 중년 여성. 바로 청소하는 분들이다. 한 공간에 두 종류의 노동자가 다른 시간대에 일하고 있었다.

처음에는 서로 어색했다. 내 입장에서는 '청소하는데 가만히 앉아 먹는' 상황이 어딘가 불편했고, 청소노동자 입장에서는 '먹는데 청소하는' 상황이 난감했을 것이다. 서로 '편히 청소하세요', '편히 식사하세요'라는 말을 주고받으며 하루하루 시간이 흘렀고, 차츰 서로에게 익숙해졌다. 그들은 가급적 내게 먼 자리부터 청소한 뒤 나의 아침 식사가 끝날 즈음 내 자리의 휴지통을 비우고 대걸레로 책상 밑을 쓱쓱 밀고 캐비닛 위의 먼지를 걸레로 닦았다. 자연스럽게 그들은 내게 이런저런 개인적인 질문도 조금씩 던졌고, 우리는 일상적인 대화를 나눴다.

그러던 어느 날, 내가 병이 나서 새벽에 학원도 못가고 엄마가 차로 나를 직장까지 데려다줬다. 천방지축이던 어린 강아지가 따라 나와 내 무릎에 앉혀 놓았는데, 처음 차를 탄 강아지가 이동 중에 그만 멀미를 했다. 출근한 뒤 바지에 묻은 강아지의 토사물을 지우려고 화장실에 갔다가 청소도구실 안에서 새어나오는 말소리를 들었다. 잠시 후 문이 빼꼼히 열리더니 청소하는 아주머니가 나왔다. "아침에 안 보여서 오늘 출근 안 한 줄 알았는데 출근했네요?" 바지에 물을 뚝뚝 흘려가며 토사물을 지우느라 엉망이 된 내 모습을 보더니 여기서 이러지 말고 안에 들어와서 아예 바지를 벗고 제대로 빨래를 하라고 한다.

청소도구실 안으로 따라 들어가니 대걸레를 빨기 위해 만들어진 개수대가 있었다. 꼴이 우습긴 했지만 나는 바지를 벗어 토사물 흔적을 지우기 시작했다. 그때 내 눈에 들어온 어떤 튀는 물건. 각종 대걸레와 약품, 플라스틱 용기와 고무장갑, 쓰레기봉투, 화장지 등이 빼곡히 들어선 좁고 어두운 그 공간에 종이컵과 보온병, 노란 포장의 믹스커피 무더기가 있었다. 그러고 보니 아주머니 두 명이 그 안에서 커

장 밥티스트 시메옹 샤르댕, 〈빨래하는 여자The Laundry Woman 2〉(1733). 당시에도 가난한 여성들이 선택하는 가장 흔한 저임금노동이 빨래하기였다.

피를 마시던 중이었으며, 내게도 커피 한잔하라며 타주었다. 종이컵에 믹스커피를 털어 넣은 뒤 보온병에 담긴 뜨거운 물을 붓고 노란 믹스커피 껍데기로 휘휘 저었다. 그날 나는 처음 알았다. 청소노동자들이 화장실 안에 있는 청소도구실 안에서 커피를 마시며 휴식한다는 사실을.

내가 바지를 빨자 아주머니가 받아서 탁탁 턴 뒤 앉아 있던 그 얼마 안 되는 자리에 넣었다. 나는 잠시 아랫도리가 허전한 상태로 아주 머니가 준 시커먼 비닐봉투를 랩스커트처럼 두르고 그 비좁은 공간에 뒤섞여 함께 커피를 마셨다. 내가 청소도구실 안으로 들어간 그 순간은 마치 벽을 뚫고 다른 차원의 세계에 들어간 시간 같았다. 이른 아침 그들이 청소하는 동안 내가 아침 식사를 할 때, 나는 내 밥상/책상에 먼지 날아들까 봐 조심했었다. 그런데 정작 그들은 우중충한 청소도구 틈에서 굉장히 자연스럽게 커피를 마셨다. 벽장 같은 그 작은 공간의 문밖에는 용변을 보러 드나드는 사람들의 소리가 들린다. '도구실'에는 사람이 있었으며, 누군가의 배설 공간이 그들에게는 먹는 공간이었다.

청결한 공간을 만들어주는 노동을 하는 사람들이 정작 청결한 공간을 보장받지 못하는 모순된 현실. 청소노동자들이 커피 한잔 편히 마실 수 있는 공간을 마련하기 어려운 것은 결코 물리적 공간의 부족 때문이 아니다. 인간의 존엄이라는 인식이 부족하고, 직위에 따른 권위주의만 괴물처럼 발달했기 때문이다. 내가 한국 대학에서 여전히 이질감을 느끼는 공간은 교수식당이다. 프랑스에서도 미국에서도 대학 내 교수식당이라는 공간을 본 적이 없다.

직원들이 출근하면 자연스레 청소노동자들은 어딘가로 스르륵 사라진다. 청결을 담당하는 사람은 그 사람 자체도 안 보여야 할 의무를 지닌다. 깨끗하게. 이는 여성에게 부여한 성 역할과 비슷하다. (대부분의 청소노동자가 여성이다.) 가정에서도 여자는 계속 쓸고 닦는 노동을 하지만, 공적 영역에서 보이지 말아야 한다. 나중에 바버라 에런라이크Barbara Ehrenreich의 책을 만났을 때 당시 나와 청소노동자들 사이를 정의할 수 있는 아주 정확한 언어를 발견한 적이 있다.

어쩌면 이 세상의 여성들을 종족을 잇는 자와 그렇지 않은 자로 가르는, 아무도 모르는 구분법이 존재하고, 그에 따라서 청소부 계급의 여성들은 이제 더 이상 자녀를 생산해서는 안 되는 것인지도 몰랐다. 지금은 우리 사무실 매니저이지만 전에는 우리와 같은 청소부였던 태미가 2센티미터도 넘는 긴 가짜 손톱을 달고 몸이 드러나는 야한 옷을 입는 게 어쩌면 그 때문인지도 몰랐다. 자기는 이제 번식녀의 계급으로 신분이 상승했으며, 다시는 청소 일에 내몰릴 수 없음을 알리기 위해서.[34]

이른바 '결혼적령기'였던 나와 50대 여성 청소노동자, 우리는 바로 '번식녀 계급과 청소부 계급'이었다. 청소부보다 사정이 나은 '번식녀'는 '선생님' 소리를 들으며 커피 마실 돈이 있는데도 '된장녀'가 되는 것이라면, 번식의 세계에서 멀어진 청소부는 아예 투명인간이 되어 커피 마실 자리조차 없다. 번식녀인 나는 벌어서 '스펙' 쌓기를 반복하며 젊은 날이 지나갔고 밥값을 절약하기 위해 도시락을 두 개씩 싸왔지만, 사무실에서 먹을 수는 있었다. 청소부는 그 자리조차 없다.

봄이 가고 여름이 지났다. 나는 영어학원을 새벽반에서 저녁반으로 옮겼고, 자연스럽게 이른 아침 청소노동자들과의 조우는 사라졌다. 문득문득 궁금하긴 했지만 굳이 찾을 생각을 하진 않았다. 어느 날 다른 부서에 갔다가 저 멀리서 나를 향해 빠른 걸음으로 다가오는 청소노동자 한 분을 만났다. "아이고, 선생님, 여기서 이렇게 보네요. 우

빌렘 요셉 라키, 〈바닥을 청소하는 젊은 여자Young Woman Cleaning the Floor〉(1778).
청소는 빨래, 돌봄과 함께 오랫동안 여성의 저임금노동이었다.

리가 당번이 바뀌었어요. 6개월에 한 번씩 구역이 바뀌거든요. 이제
우리 4층 청소 안 해요. 4층 청소할 때가 좋았는데 …… 여긴 (매점이
있어서) 일이 많아요. 쉴 틈이 없어. 인사하러 올라갈까 …… 생각도 했
는데 …… 인사 못해서 늘 걸렸는데, 여기서 이렇게 보네요. 아무개 여
사는 3층으로 갔고, 우리도 찢어졌어. 또 봐요~ 아이고, 인사했으니

이제 좋네." 컵라면 용기가 쌓인 매점 옆 커다란 쓰레기봉투를 쑥 꺼내어 들고 그는 다시 사라졌다.

청소노동자 40만 명. 최저임금을 겨우 받는다. "여자는 시집가면 그만"이라는 사람들은 정작 여자들의 다양한 노동은 보지 못한다. 배설의 공간이 누군가에게 먹는 공간이고, 무책임하게 던져진 내 배설의 흔적을 누군가가 치운다. 인간답게 먹을 수 있는 공간은 지극히 최소한의 요구다.

시간이 고픈 사람들

　다른 지방에 갔다가 근처에 괜찮은 술과 식사가 가능한 곳을 찾았다. 가는 곳마다 그 지역의 술과 음식을 몸에 넣고 와야 괜히 할 일을 다한 듯한 기분이 든다. 이리저리 검색을 해보니 "직원이 정말 친절하다"는 평이 유독 많은 바bar가 있었다. 숙소에서 5분 거리기에 큰 고민 없이 바로 향했다. 맥주와 버섯 튀김, 닭가슴살 구이를 시켰고 주문을 하면서 술에 대해 이것저것 물었다. 나는 에일 맥주를 좋아하지 않고, 너무 신맛이 강한 음료도 피하면서 도수가 높지 않은 술을 이리저리 따져 내 입에 맞는 맥주를 골랐다. 직원은 정말 친절했고, 그 친절의 정도가 넘치지 않아서 더 편했다.

　주문한 맥주가 도착한 뒤 지상 최고의 맛인 '첫 잔의 맥주'를 들이키며 고개를 젖히는 순간, 주방 입구가 내 눈에 들어왔다. 주방 입구에 서서 한 손으로 컴퓨터에 주문 내역을 입력하던 직원은 다른 한 손으로 햄버거를 허겁지겁 입속에 쑤셔 넣고 있었다. 나는 반사적으로 황급히 눈을 돌렸다. 혹시라도 그와 내가 눈이 마주칠까 봐. 그제야 술집의 분위기가 눈에 들어왔다. 손님이 거의 없었다. 오후 6시 즈음이었는데 내가 너무 일찍 왔음을 알아챘다. 그곳은 늦은 시간에 주로 손님이 몰리는 장소였다.

어쩌다 점심때를 놓쳐서 오후 3시쯤 식당에 가면, 밥을 먹다가 난감하게 일어나는 식당노동자를 본다. 그나마 좀 엉덩이 붙이고 밥이라도 먹을까 했는데 뒤늦게 들어온 밥 손님이 달갑지 않을 것이다. 한번은 김치를 담가야 해서 손님을 받을 수 없다고 하는 바람에 결국 돌아 나온 적도 있다. 식당에서 밥을 먹을 때마다 식당노동자들이 식사를 했는지 안 했는지 생각하면서 살아갈 순 없는 노릇이다. 나도 먹어야 하니까 적당히 이런 사정을 너무 알고 싶지 않을 때도 있다. 주방에서 보내는 시간은 많으나 식탁에서 보내는 시간이 적은 사람들, 하루 종일 달콤하고 아름다운 케이크를 만들지만 정작 자신을 위해서는 빵한 쪽도 입에 넣기 어려운 제빵사들, 동네 미장원에서 손님 머리 말아놓고 한쪽에서 짜장면을 시켜 먹는 미용사들처럼 식탁에 앉기 어려운 모든 노동자의 시간에 대해, 생각하면 끝이 없다.

식당노동자의 다수가 정작 제 가족과는 식사할 기회가 부족하다. 30퍼센트는 일주일에 한 번도 가족과 함께 밥 먹은 적이 없다고 했다.[35] '먹을 시간을 주지 않기'는 노동자를 부리는 전형적인 방식이다. 19세기 미국의 영향력 있는 연설가이며 노예제 폐지운동을 했던, 그자신이 노예 출신인 프레더릭 더글러스Frederick Douglass가 남긴《미국 노예, 프레더릭 더글러스의 삶에 관한 이야기Narrative of the Life of Frederick Douglass, an American Slave》에는 노예제도 속에서 주인이 노예를 다루기 위해 배고픔을 이용하는 방식이 등장한다.

니콜라이 바스카코프, 〈젖 짜는 여자들Milkmaids Novella〉(1962). 소비에트 시절 사회주의 리얼리즘 미술에서는 일종의 정치선전을 위해 노동자의 휴식 시간을 행복하게 묘사했다.

코비 씨는 우리에게 먹을 것은 충분히 주었지만, 그것을 먹을 시간이 거의 없었다. 우리는 종종 5분 이내에 음식을 먹어야 했다. 우리는 자주 동틀 때부터 마지막 석양 노을이 질 때까지 밭에 있었다. 그리고 꼴 베는 시기에는 짚단을 묶으며 한밤중까지 밭에 있어야 했다.[36]

밥줄을 쥔 고용주에게 밥은 무기다. 밥은 있지만 먹을 시간이 없는 이 교묘한 상태는, 노동자들에게 공식적으로 휴식 시간이 있지만 도무지 쉴 틈을 주지 않는 방식과 겹쳐진다. 누군가를 고용하면서 그의 기본적인 식사와 생리활동을 위한 시간까지 모두 통제한다. 노동자 입장에서는 아무리 일을 해도 시간만 사라질 뿐 돈은 모으기 힘들다.

노동시장에서 약자일수록 휴일 노동과 야간 노동을 마다할 수 없다. 주 5일 근무, 하루 8시간 노동, 주 52시간 노동 등으로 노동시간을 점차 줄여나가는 투쟁은 노동운동의 주요 의제였고 여전히 진행 중이다. 휴식 시간을 보장받고 유급 휴가를 얻을 권리 등을 획득하기 위해서 꾸준한 투쟁이 필요했다. 실직 이후 재취업이 되기까지 일정 기간 실업급여를 받을 권리, 야근하지 않을 자유, 야간 수당이나 휴일 근무 수당 등 많은 노동 의제가 실은 시간 쟁취에 해당한다.

집안에서도 가사노동을 누가 더 하는가, 육아 휴직을 누가 사용하는가도 결국은 시간 싸움이다. 내 시간의 주인이 될 권리를 위한 싸움이다. 고용주가 업무 생산성과 무관하게 야근을 재촉하거나 휴가 쓸 때 눈치를 주는 이유는 노동자의 시간 독립을 원치 않기 때문이다. 자신의 시간을 인식하지 못하도록 만들기 위해서다. 그렇게 '또 하나의 가족'이 된다. 그렇다면 우리의 '진짜' 가족과 가정은 어떤 위치에 있을까. 존 버거John Berger의 적절한 표현대로 가정은 일찌감치 하숙집이 되었다.

도시에서의 시간 — 임금을 받는 노동시간 — 은 모든 가정을 지배했다. 이러한 시간으로부터 피해 숨을 수 있는 곳은 어디에도 존재하지 않았다. 가정에는 상품, 또는 시간 둘 중 하나로 되어 있는 노동의 열매인 잉여라는 것을 절대 포함하고 있지 않다, 가정은 하숙집에 지나지 않는 것이 된다.[37]

빈곤의 실체는 '돈이 없다'는 차원이 아니라 '나의 시간'도 없다는 뜻이다. '타임푸어time-poor'라는 말이 있을 정도다. 내 시간이 내 시간이 아니다. 노동자들에게 빵만 갈구하고 그들이 장미를 가질 기회는 박탈한다. 근면 성실에 대한 숭배에는 개인 시간의 희생이 포함된다. 시간을 많이 가진 사람이 권력자다. 한가하다는 뜻이 아니다. 남의 시간을 제 시간으로 끌어올 수 있는 사람이다. 자신의 이윤 창출을 위해 다른 사람의 시간을 뺏을 수 있는 힘, 이것이 권력이다. 파리바게트에서 빵을 굽는 노동자는 자신의 밥 먹는 시간까지 희생해서 기업의 이윤을 위해 노동해야 한다.[38] 노동자의 시간을 착취해서 오직 '생존'만 가능한 인간으로 만든다. 너도나도 시간을 착취당하다 보니 조금이라도 시간을 누리는 사람에게 서로 으르렁거리기도 한다.

2009년 OECD 회원국들의 생활 실태를 조사한 결과, 식탁에서 보내는 시간이 가장 많은 나라가 프랑스였다. 하루 평균 두 시간 이상을 먹고 마시는 데 사용했다. 그들의 식사 시간은 나도 피부로 느꼈었다. 처음 프랑스에 갔을 때 일상에서 나를 당황스럽게 만든 점은 많은 기관들이 점심시간에 문을 닫는다는 사실이었다. 처음에는 습관적으로 점심시간을 이용해 볼일을 보러 갔다. 은행으로, 우체국으로. 그러나 점심시간에는 문이 닫혀 있었다. 관광지나 대도시의 중심가는 사정이 다르지만, 자영업자들도 점심시간에 문을 닫고 밥을 먹으러 가는 경우가 많았다. 적응이 되면서 나도 점심시간에는 점심을 먹는 생각만 했다.

자기 자신에 대해 돌아볼 여유가 있는 최소한의 인간적 삶을 위해서는 시간의 확보가 필수다. 권력을 가진 이들은 민중이 개돼지이기를 바란다. 먹고살기에만 매몰된 인간으로 만든다. 그러나 개와 돼지를 좋아하는 사람 입장에서 보자면, 정작 개돼지도 자기만의 공간과

시간을 누리고 싶어 한다.

한국인은 먹는 시간과 자는 시간이 짧고 노동시간은 길다. 시간당 생산성이 떨어진다. 잘 쉬고 집중해서 일하기보다는 피로가 누적된 상태에서 마지못해 일하는 경우가 많으니, 생산성이 떨어지는 상황은 지극히 자연스럽다. 식탁에서 식사를 위해 보내는 시간이 줄어들수록 삶은 각박해진다. 쫓긴다. 시간병time sickness에 시달리는 인간으로 살아 간다. 늘 바쁘고, 정신이 없고, 시간이 없다.

노동자는 8시간 이상 노동하면 1시간 이상의 휴식 시간을 제공받 을 권리가 있다. 사용자가 이를 위반하면 2년 이하의 징역 또는 1000만 원 이하의 벌금을 내야 한다. 그러나 2012년 자살한 삼성서비스센터 직원은 "배고파 못살았고"라는 글을 남겼고, 2016년 구의역에서 사고 로 사망한 청년은 가방에 컵라면을 남겼다. 각종 공구와 함께 숟가락 도 있었다. 말아 먹을 밥도 안 보이는데. 한 번 쓰고 버릴 플라스틱 숟 가락이 아니라 스테인리스 숟가락이었다.

가난한 욕망

"밥 한 공기를 배불리 먹는 방법이 뭔지 알아? 찻숟가락으로 먹는 거야! 그러면 괜히 배가 더 불러. 라면 하나를 더 배불리 먹으려면 면을 미리 물에 불렸다가 끓이면 돼. 나 맨날 그렇게 먹었어. 그러면 진짜 양이 더 많아진다니까."

중학교 3학년 때 짝이 되어 대학 갈 때까지 내내 단짝 친구였던 아이. 그는 부모님이 모두 밖에서 일하는 시간이 길고, 언니와 오빠는 나이 차이가 많이 나서 어릴 때 혼자 집에서 식사를 해결하는 경우가 많았다. 한창 먹성이 좋은 청소년 시절 그는 라면 하나, 밥 한 공기로는 성이 차지 않았다. 라면 하나 더 먹는 게 부담되지 않는 사람이라면 문제가 없겠지만 형편이 좋지 않은 그는 밥 한 공기, 라면 하나도 아껴 먹었다. 그는 적은 양으로 배불리 먹을 수 있는 각종 방법을 터득했고, 학교에 오면 대단한 비법이라도 전수하듯 알려줬다.

지금은 안정되게 잘 살고 있는 그에게 물에 불려 끓이던 라면과 찻숟가락으로 먹던 밥의 기억이 어떻게 남아 있는지 모르겠다. 자신이 어렵던 시절에 먹던 음식을 훗날에도 몹시 추억하며 즐기는 경우가 있는 반면, 다시는 먹고 싶어 하지 않는 경우도 있다. 예를 들어 나의 작은삼촌은 뭇국을 먹지 않는다. 어려웠던 어린 시절 뭇국을 너무 많이 먹었다고 한다. 똑같이 그 뭇국을 많이 먹었어도 엄마는 여전히 뭇국을 즐긴다. 최진실─이 이름을 쓰고 부르는 것만으로도 가슴이 아픈─이 생전에 한 방송에서 배추전을 만들어 먹던 모습을 기억한다. 배추 한 잎을 뜯어서 밀가루 옷을 입혀 부쳐내는 게 전부인 이 단순한 음식을 최진실이 어릴 때 자주 먹었다고 했다. 그도 가난한 시절에 먹던 음식을 여전히 추억했다.

가난할 때 먹었던 뭇국을 지금도 즐기는 엄마지만, 딱 한 번 먹은 어떤 생선은 두 번 다시 먹지 않는다. "내가 그 후로 아지라는 생선은 두 번 다시 안 사"라는 말을 여러 번 했다. 엄마가 해준 적 없으니 나도 어릴 때 아지가 어떤 생선인지 몰랐다. 나중에 알고 보니 이 생선은 전갱이였고, 아지는 일본말이다. 예전에 영동 지방에서는 값싼 생선이었다고 한다. 두 사람 입에 겨우 넣을 식사만 준비할 수 있을 정도로 곤궁했던 신혼 시절, 어느 날 불시에 찾아온 손님 밥상을 차리느라 엄마는 아지라는 생선을 쬐끔 샀다고 한다. 먹을 게 별로 없던 그때 그 밥상이 너무도 부끄러웠던 기억 때문에 엄마는 아지를 다시는 안 샀다. 밥상에 숟가락만 더 얹으면 된다는 말은 그다지 위로가 안 된다. 영화 〈나, 다니엘 블레이크〉에서 케이티는 다니엘에게 파스타 한 접시를 주기 위해 자기는 이미 먹었다고 거짓말을 하고 사과만 물고 있지 않은가.

나는 수제비를 먹지 않는다. 수제비를 좋아했지만 평생 먹을 수제비를 한 2년간 먹어치운 이후로는 밀가루로 뭉쳐놓은 작은 덩어리만 봐도 싫다. 어떤 사람은 흰 우유를 먹지 않는다고 한다. 기초생활수급 자라서 어릴 때 학교에서 무상으로 제공받은 우유에 얽힌 좋지 않은 기억 때문이다. 맛과 무관하게 어떤 음식은 상처받은 기억을 소환한다. 그 기억과 화해하기까지는 시간이 필요하다. 이는 사람마다 마주하는 삶이 다른 만큼 필요한 시간도 다르다. 한 가지는 분명하다. 매일 똑같은 식단을 구성할 수밖에 없는 사람이라고 해서 '그렇게 먹어도 되는' 사람인 건 아니다.

러레인은 자신의 존재 때문에 사과하지 않는 법을 오래전에 터득했다. "사람들은 온갖 꼬투리를 잡아서 못마땅해하지." 그녀는 (랍스터를 구매할 때) 계산대 직원이 그녀를 웃기다는 듯 쳐다보는 것도 신경 쓰지 않았다. 14달러짜리 시큼한 발사믹식초나 갈빗살, 세일 중인 스테이크나 닭고기를 살 때도 직원은 똑같은 표정이었다. 러레인은 요리하는 걸 좋아했다. "내겐 살아갈 권리가 있어. 그리고 내가 원하는 대로 살 권리가 있지." 그녀는 말했다. "사람들은 아무리 가난한 사람이라도 맨날 똑같은 것만 먹으면 질린다는 걸 모르나봐. 그러니까 난 핫도그를 말 그대로 증오해. 어릴 때 맨날 핫도그만 먹었거든. 그래서 이렇게 생각하는 거야. '어른이 되면 스테이크 먹어야지.' 이제 어른이 된 거고, 그래서 스테이크를 먹는 거지."[39]

매튜 데스몬드Matthew Desmond의《쫓겨난 사람들Evicted》은 미국에서 이동주택에 사는 사람들의 일상을 꼼꼼히 취재해 분석한 책이다. 빈

곤에 대한 문제의식이 아니라 빈곤한 사람을 문제시하는 풍토는 여기나 저기나 정도의 차이만 있지 동일하다. 그렇다 보니 대부분 가난의 실체를 모른다. 가난해서 나타나는 현상을 가난의 원인으로 오해한다. 이러한 환경 속에서 자신의 존재 때문에 사과하지 않는 법을 깨우치고, 가난을 '구경'하는 사람의 욕망에 부응하는 대신 자신의 욕망에 죄의식을 갖지 않는 인간으로 살아가길 선택한 사람들의 목소리도 이 책에는 잘 담겨 있다.

한동안 유럽에서 일명 '말고기 파동'이 있었다. 유럽의 몇몇 식품 회사에서 소고기가 들어가는 가공식품에 말고기를 일부 섞어 팔아온 것이 알려지면서 2013년까지 소고기 가공식품에 대한 대대적인 점검이 있었다. 조사해보니 난리가 났다. 소고기가 들어갔다고 표기된 라자냐가 실은 100퍼센트 말고기였다는 소식이 충격을 주었다. 소고기보다 말고기가 가격이 저렴해 이런 꼼수를 부린 것이다. 말고기가 들어간 식품은 모두 폐기할 상황에 처했다. 그러자 이 문제를 해결한답시고 독일의 한 정치인이 이 식품을 빈곤층에게 나눠주자고 했다. 또 난리가 났다. 가난한 사람들의 입에는 그렇게 아무거나 넣어도 된다는 거냐, 그게 아니라 어차피 말고기가 못 먹을 음식은 아니니 버리는 것보다는 낫지 않냐, 목소리를 높였다. 물론 속였다는 사실이 문제이지 말고기가 못 먹을 음식은 아니다. 식품 안전성에는 문제가 없다. 하지만 왜 팔지 못할 음식이 향하는 곳이 식품 선택권이 적은 가난한 사람이어야 할까. 나는 안 먹을 테지만 먹어도 이상은 없다고 하니 가난한 이들은 이거라도 먹어라?

먹는 데 아무 문제가 없지만 팔 수 없는 빵과 케이크를 노숙인을

크리스티안 크로그, 〈존재를 위한 투쟁Struggle for Survival〉(1889). 노르웨이 출신으로 사실주의 영향을 받은 화가이자 소설가인 크로그는 빈민의 삶을 종종 다뤘다.

위한 식사에 제공하는 빵집, 역시 먹는 데 아무 문제가 없지만 팔 수 없는 과일을 마트 앞에 앉아 있는 노숙인에게 제공하는 마트. 한 사람의 존엄함을 생각한다면 어찌 팔 수 없는 음식을 노숙인에게 주는가라는 생각과, 그들이 배가 고픈데 일단 뭐라도 줄 수 있으면 주는 게 낫다는 의견이 때로 충돌한다.

가난하며 배가 고픈 사람이라고 해서 욕망마저 가난해질 의무는 없다. 오직 배고픔을 해소하기 위해서만 입을 벌리는 1차원적인 입은 언제나 지배 권력이 원하는 입이었다. 취향 따위는 아예 형성할 수 없는 그런 입, 욕망할 줄 모르는 입, 배고픔에 길들여진 입. 그러나 가난한 입도 욕망할 줄 알고, 기분이라는 게 있다. 2050년에는 세계 인구가 100억 명에 육박할 전망이다. 오늘날에도 음식의 33퍼센트가 버려지지만 굶는 사람은 무려 8억 명에 이른다. 늘어나는 인구에 제대로 대비하지 못하면 이러한 양극화는 더 심해질 것이다.

인간이 인간을 먹을 때

   '개고기'에 대한 인식이 점점 바뀌게 된 이유는 단백질을 섭취할 수 있는 기회가 많아져서이기도 하지만, 개와 사람이 관계 맺는 방식이 달라진 데도 있다. 한 공간에서 뒹굴고 함께 산책을 하며 '가족'이 되면 먹기가 어렵다. '누구'를 먹느냐는 자연의 생태계에 달린 문제이기도 하지만 인간이 만든 사회적 환경에 따라 달라지기도 한다. 영화 〈옥자〉에서 목숨 걸고 옥자를 구한 미자도 닭은 잘 먹는다.[40]

   국립공원 안에서는 어느 정도 동물이 주인이기에 갑자기 동물이 나타나면 사람들은 자연스럽게 가던 길을 멈춘다. 세계 최초의 국립공원인 미국 옐로스톤 국립공원에서 들소는 그 공간의 주인인 동시에 인간들의 구경거리다. 동물원과의 차이점은, 울타리가 없다는 것과 조심해야 할 입장이 명확하게 인간이라는 점이다. 들소 가족이 모두 지나갈 때까지 사람들은 인내심을 가지고 기다린다. 그곳에서 동물들은 사냥의 대상이 될 수 없으며, 인간은 그들의 공간을 존중해야 한다는 약속을 공유한다. 그러나 국립공원 밖에 나오면 이 약속은 깨진다.

국립공원에서 존중하던 대상들을 '관람'하고 나와서는 공원 밖 식당에서 질 좋은 '고기'를 찾아 먹는다. 조금 전 공원 안에서 본 평화로운 들소가 직접 간판에 등장해 자신을 먹으러 오라고 호객한다. 고속도로에는 로드킬로 죽은 동물 사체가 심심찮게 보인다. 미처 피하지 못했다면 운전자는 어쩔 수 없이 동물을 죽이게 된다.

국립공원에서 동물은 나와 마찬가지로 자신의 공간을 보장받으며 살던 하나의 생명이었다가, 고속도로에서는 인간의 진로에 훼방을 놓는 위험물이고, 식당에서는 인간의 배를 채워주는 먹거리가 되는 셈이다. 이들은 하나의 존재이지만, 이렇듯 인간과 관계 맺는 방식에 따라 정체가 달라진다. 더구나 로드킬로 죽은 동물에게는 동정심을 품어도, 먹을 때는 의식적으로 동정심을 거둔다. 먹거리가 된다는 것은 가장 비인격적인 대상이 됨을 의미한다. 감정을 교류하는 대상을 어찌 먹을 수 있겠는가.

동물과 인간의 관계를 넘어 인간과 인간의 관계도 얼마든지 서로에게 '먹이'가 되는 상황이 있다. 어린아이를 잡아먹는 거인이 나오는 《제랄다와 거인》, 역시 아이를 잡아먹는 마녀가 나오는 《헨젤과 그레텔》을 비롯해 인간이 인간을 먹는 이야기는 동화와 신화 속에 자주 등장한다. 샤를 페로Charles Perrault의 원작 《잠자는 숲속의 미녀》는 공주의 결혼생활까지 담고 있다. 공주의 시어머니, 그러니까 키스로 공주를 깨운 왕자의 어머니는 며느리인 공주를 잡아먹으려다가 실패한다. 사람이 사람을 먹는 이야기는 꾸준히 있었지만, 식인종이 있다기보다는 식인을 하는 상황이 있다. 인간은 '상황의 동물'이다. 1972년에 일어난 비행기 사고를 영화화한 〈얼라이브Alive〉에는 평범한 인간들이 어떻게 식인을 하게 되는지 보여준다. 안데스산맥에 비행기가 불시착하고, 살아남은 승객들은 구조를 기다리는 72일 동안 눈 속에서 얼어붙은 사망자의 시체를 먹으며 버틴다. 이처럼 사람이 사람을 먹는 이유는 극단적인 배고픔 때문일 수도 있고, 카니발리즘cannibalism처럼 일종의 관습인 경우도 있다.

레닌그라드. 지금은 상트페테르부르크라는 원래 이름으로 돌아온 도시가 '레닌그라드'로 불리던 시절. 1941년 9월 8일부터 1944년 1월 27일까지 872일간 벌어진 레닌드라드 포위전은 대부분의 전쟁이 그렇듯이 내 상상의 범주를 벗어난다. 기록과 그림, 사진, 생존자의 증언으로 그 비참함의 정도를 더듬어보는 정도다. 제2차 세계대전 중에 발생한 이 포위전은 역사상 가장 파괴적인 전투로 알려져 있다. 독일군은 총으로 직접 적군을 죽이기보다 포위를 통해 비무장 시민들이 배고픔 때문에 스스로 죽거나 서로를 죽이도록 만들었다. 시민들은 항복하지 않고 굶어 죽어가며 버텼다. '레닌그라드'라고도 불리는 쇼스타코비치Dmitri Chostakovitch의 7번 교향곡이 바로 독일이 레닌그라드를 침공한 그해에 완성되었다.

독일군의 포위로 모든 식량 공급이 차단되면서 레닌그라드 시민들은 정해진 배급량만 먹을 수 있었다. 노동자는 250그램, 노동자가 아닌 어른이나 아이는 125그램의 빵만 지급받았다. 평소와 다르게 군인과 노동자가 배급의 1순위다. 전시에는 국가에 가장 필요한 인력이기 때문이다. 그마저도 제대로 된 곡물로 만들기 어려워 톱밥을 섞은 빵을 먹어야 했다. 톱밥이 들어간 빵은 어떤 식감과 맛일까. 인간이 먹을 수 있는 식재료란 생각보다 무궁무진하다는 슬픈 깨달음이 찾아왔

님마 네라토프, 〈빵집에서: 빵 배급하기In the Pastry Shop: Bread ration distribution〉(1941). 872일간의 레닌그라드 포위 당시 노동자는 250그램, 노동자가 아닌 어른이나 아이는 125그램의 빵만 지급받았고, 나중에는 이마저도 어려워졌다.

다. 고작 125그램의 질 나쁜 빵으로 하루하루를 버티다 겨우 살아남은 한 생존자는 "나는 솔잎의 맛을 잊을 수 없을 거예요"라고 했다. 배고픔 속에서 뜯어먹는 솔잎의 맛이란 솔잎차를 통해 느끼는 향과 얼마나 닮았을까. 2010년 아이티 지진 때 진흙으로 만든 쿠키를 먹던 아이들의 모습을 신문에서 본 적 있다. 중국 공산당은 대장정 시절 구두와 허리띠를 삶아 먹고, 나중에는 다른 사람의 배설물을 헹궈 소화 안된 곡물들을 먹었다고 한다.

이처럼 극단적 상황에 처했을 때 사물과 사람, 동물의 관계들은 조금씩 붕괴된다. 세상 만물이 먹을 수 있는 것으로 전환된다. 900일 가까운 고립 속에서 배고픔은 레닌그라드를 무덤으로 만들어갔다. 식료품이 떨어지면 우선은 집에서 함께 살던 반려동물들이 식용이 된다. 동물이란 동물을 다 먹고 나면 죽은 사람을 먹고, 나중에는 먹기 위해

산 사람을 죽인다. 남을 먹다가 가족을 먹을 수도 있다. 기르던 개와 고양이는 가족이 아니라 '그것'으로, 급기야 사람도 '그것'이 된다. 당시 어린아이들이 기아로 얼마나 많이 희생되었는지는 정확한 기록이 남아 있지 않다. 이름이 있었던, 부르면 내게로 왔던, 혹은 나를 부를 수 있었던 그 생명체는 오직 나의 먹거리가 되어 숨을 멈춘 채 식탁에 오른다.

이 극도의 배고픔 속에서도 예술 작품을 창작하고 지키는 사람들이 있다. 인류 최초의 문명인 수메르 문명의 유물들을 볼 때마다 인간에게 '장미'는 기본권임을 재확인하곤 했다. 허름한 토기 하나에도 실용과 무관한 미를 추구한 흔적들이 있다. 그렇다면 전쟁 속에서 미술관이란 어떤 장소일까. 미술관은 평시에는 약탈을 자행한 흔적이 진열되는 곳이지만, 전시에는 약탈당할 위험에 놓이게 되는 대표적인 장소다. 모든 박물관은 기억의 물리적 소장품이 있는 곳이다. 그 기억을 지키려는 사람이 있고, 파괴하거나 빼앗으려는 힘이 있다. 이는 곧 이야기를 둘러싼 대립이다. 당시 레닌그라드의 에르미타주 미술관 직원들은 굶어 죽어 가면서도 미술관을 지켰다.

소설 《레닌그라드의 성모마리아The Madonnas of Leningrad》는 미술관에서 일하는 마리나라는 인물을 주인공으로 그의 젊은 시절과 미국 망명 후 노년이 된 현재를 다룬다. 마리나의 현재는 기억을 잃어가는 알츠하이머 환자지만, 그에게 기억은 한때 생명줄이었다. 레닌그라드 포위전이 시작되자 작품을 다른 곳으로 이송하면서 미술관은 점점 비어갔다. 마리나는 마치 그 자리에 진짜 그림이 있는 것처럼 기억에 의존해 작품을 상상하면서 관람객에게 설명한다. 한편으로 식탁에서는 소시지, 수박, 절인 무의 맛을 상상하며 먹는다. 현실은 빈 액자뿐이지만 액자 속 그림을 상상하고, 작은 빵뿐이지만 곁들여 먹는 다른 음식을 상상한다. 절대적 빈곤과 비참함이 만들어낸 절박한 상상의 힘이다.

인간은 기억 때문에 버티고 때로는 그 기억이 고통을 유발한다. 해방의 세계인 동시에 영원한 감옥인 기억. 기억의 정치화는 바로 기록과 재현이다. 고통스러운 배고픔과 죽음의 행진마저 인간이 기록하고 재현하는 이유가 아니겠는가.

대공황의 맛

영화 〈프래리 홈 컴패니언A Prairie Home Companion〉을 본 다음날, 오전 늦게 미키스다이너Mickey's Diner라는 식당에 브런치를 먹으러 간 적이 있다. 〈프래리 홈 컴패니언〉은 동명의 라디오 쇼를 소재로 한 영화다. 이 라디오 방송은 1974년부터 미국 미네소타 지역에서 방송되었는데, 워낙 인기가 많아서 40년 넘게 이어지고 있다. 보통 미네소타 주도인 세인트폴의 피츠제럴드 극장에서 라이브 공연을 진행하지만, 명성이 자자해지면서 다른 주로 원정을 가기도 한다.

세인트폴에 짧게 살았던 나는 유명하다는 이 라디오 방송에 대한 추억이 없지만, 지역 사람들이 이 쇼에 갖는 애정은 대단하다. 2016년 7월에는 이 프로그램과 함께 나이를 먹어온 진행자 개리슨 킬러Garrison Keillor의 마지막 쇼가 있었다. 라디오 명예의 전당에도 오른 개리슨 킬러는 아마 한국에서 〈전국노래자랑〉을 30년 가까이 진행하고 있는 송해와 비슷한 위치가 아닐까. 송해가 아흔이라는 나이에도 활력이 있어 보인다면, 개리슨 킬러는 다소 나른한 목소리로 편안함을 선사한다.

2006년에 만들어진 영화는 쇼의 진행자인 개리슨 킬러가 직접 각본을 썼고 출연도 했다. 영화는 이 방송을 즐겨 듣다가 교통사고를 당한 '천사'가 등장하는 설정으로 만들어졌으며, 실제로는 여전히 인기가 많은 방송이지만, 영화에서는 마지막 쇼를 앞두고 있다. 지역에서 많이 먹는 음식, 지역 관련 유머와 음악 등이 포함되어 있어 모르는 사람은 모르고 지나가지만 이곳에 사는 사람들은 제대로 즐길 수 있는 영화다. 메릴 스트립Meryl Streep이 가수로 분해 부르는 노래의 가사에는 "루밥rhubarb—루밥—"이 흥겨운 리듬을 타고 흘러나온다. 미네소타는 루밥파이가 유명하다.

내 눈길을 사로잡은 장면은 영화의 시작과 후반부에 나오는 식당 미키스다이너였다. 영화에서 쇼에 출연하는 가수들은 이 식당에서 밥을 먹곤 하는데, 실내는 작고 겉모양은 기차 한 칸처럼 생겨서 호기심에 한번 가봐야지 했다. 알고 보니 이 식당은 40년 넘게 이어져온 라디오 쇼보다 더 나이가 많았다. 1939년 피로와 광기 속에서 전쟁이 막 시작되던 대공황 시기에 세인트폴 시내에 생긴 식당이다. 미국에서 10대 밥집(이런 순위를 별로 신뢰하지 않지만)으로 꼽힌 적도 있는 지역의 랜드마크 중 하나로, '대공황 시절의 분위기'를 느낄 수 있는 역사적 명소historic places로 등록되어 있다. 놀라운 것은 24시간 365일 영업한다는 사실. 도대체 언제 쉬지?

음식은 특별하지 않다. 지극히 평범한 메뉴들이다. 아침 식사로는 평범한 오믈렛과 팬케이크 등이 있고, 일반 식사로는 평범한 버거, 스튜, 스테이크 등이 있다. 예쁘게 모양을 내서 나오지도, 주인이 아주

미키스다이너 식당. 미국 세인트폴의 랜드마크가 된 식당으로 '대공황 시절의 분위기'를 느낄 수 있는 역사적 명소로 등록되어 있다.

친절하지도, 주변이 예쁘고 깔끔하지도 않다. 비좁은 공간이라 음식을 기다리며 조리 과정을 모두 지켜볼 수 있었다. 감자튀김은 냉동된 것을 썼으며, 해시브라운은 넓은 프라이팬의 한쪽 구석에서 기름을 먹으며 차곡차곡 쌓여 있었다. 요리사가 계란을 탁 터뜨린 후 뒤에 있는 쓰레기통으로 휙 버리는 빠른 손놀림이 하나의 볼거리였다. 비교적 값이 저렴하고 양이 많으면서 분주한 '밥집'이다. 세련되지는 않았지만 부담 없이 먹을 수 있는 기사식당 같다고 할까. 괜히 살아보지도 않은 대공황 시기에 어울릴 밥집이라는 생각이 들었다. 이 평범한 음식조차 얼마나 평범하지 않았을까. 그 시기에는 단 한 끼를 해결하는 일도 결코 평범하지 않은 사람들이 많았을 테니까. 쓰레기통을 뒤지고 음식 찌꺼기도 주워 먹어야 하는 이들이 즐비했다.

그 시절, '가장'의 실직으로 전통적 성 역할이 붕괴되자 남성들은 수치심에 제 아내에게 더욱 폭력적으로 굴었다. "아내가 이웃사람에게 음식을 얻어왔다는 이야기를 듣고 분노와 수치심에 자제력을 잃은 사람이 아내를 거의 죽도록 폭행하기도"[41]했다. 가부장제 속에서 직업이 없는 '가장'은 인생의 낙오자가 되고, 가출, 알코올 중독, 급기야는 자살이라는 선택으로 내몰린다. 모멸감 때문에 자살하는 남성이 늘어나는 한편, 어떤 여성들은 살기 위해, 그리고 가족을 살리기 위해 먹거리를 챙기다가 남편에게 죽을 수도 있는 상황이었다. 밥 한 끼에 죽고 사는 문제가 달렸다. 밥과 자존심의 싸움이다.

우리가 흔히 말하는 대공황 상황은, 그러나 대부분 백인이 기준이다. "우리의 아내들, 그들은 상점에 가서 콩 한 자루, 밀가루 한 자루 그리고 비계가 많은 고기 한 점을 가져다 요리를 할 수 있었다"[42]고 설명하는 흑인 남성의 목소리를 들어보자. 대공황 이전에도 궁핍했던 흑인들의 경우, 이미 궁핍했던 경험이 어려운 시기에 "하나의 큰 이점으로 작용"했다고 한다. 별 볼 일 없는 식재료로 어떻게든 먹을 만한 음식을 만들어내야 했던 가난한 여성들의 '능력'을 짐작할 수 있는 대목이다.

밀려드는 손님들 틈에서 어느덧 내가 주문한 음식이 나왔다. 커피는 약간 신맛이 나서 내 입맛에는 잘 맞지 않았고, 해시브라운은 좀 퍽석했다. 소고기가 들어간 스튜가 다행히 맛있었고, 옆 테이블 사람들이 먹던 블루베리 팬케이크 맛이 궁금했지만 혼자 그 많은 음식을 다 먹을 수는 없었다. 맛으로 따지면 훨씬 맛있는 식당이 많다. 그러나 오

도로시아 랭, 〈이민자의 어머니Migrant Mother〉(1936). 사진 모델은
당시 완두콩 농장에서 일하던 플로런스 오웬스 톰슨이라는 이민
자다. 7명의 아이를 키우는 32세의 어머니였으며, 아이들이 잡
아온 새와 주운 채소로 연명한다고 했다.

래된 식당이라 단골이 있고, 특이한 건물 모양 때문에 나처럼 굳이 찾
아오는 사람들이 꾸준히 있는 모양이다. 이 비좁은 공간에 들어오려
고 줄을 서서 기다리는 사람들이 입구에 계속 이어졌다. 배고픈 시절
배부르게 먹을 수 있었던 식당은, 이제 잘 먹는 시절의 저렴한 식당으
로 자리 잡았다.

　밥을 먹으며 맞은편 칠판 위에 적힌 문구를 읽었다. "당신이 나를
존중한다면 나도 당신에게 친절하겠습니다. 그러나 당신이 나를 존중

하지 않는다면 나도 당신에게 친절하지 않을 겁니다." 실은 이 식당에서 내가 가장 마음에 들었던 점이다. 24시간 365일 영업을 하려면 온갖 '고객'들을 만나게 될 것이다. 돈 내고 밥 먹으면서, 마치 사람의 인격까지 돈으로 산 듯 막무가내로 굴며 '갑질'할 태세를 갖춘 고객님들을 향한 경고 문구다. 세련되지 않은 저렴한 음식을 만들고 먹는 사이라고 해서 인격적 존중마저 저렴해져서는 안 되는 법이니까.

다 먹고 식당 앞에서 얼쩡거리는 나에게 지나가는 사람이 "사진 찍어줄까요?"라고 물어보았다. 사람들이 평소에 이 식당을 배경으로 사진을 많이 찍는다는 사실을 알 수 있었다. 그러고 보니 주변 곳곳에 사진 찍는 사람들이 눈에 들어왔다. 사람들은 이야기가 있는 장소에 몰리는 법이다. 많은 사람들이 이야기가 있는 오래된 장소와 기분을 환기시키는 새로운 장소 사이를 오가며 산다. 영화 촬영지에 찾아가거나, 역사적 인물이 머물던 집을 찾는 마음은 아마 그 이야기 때문이겠지. 유튜브가 인기 있는 오늘날에도 여전히 옛날 라디오 방송을 사랑하듯이.

이밥에 고깃국

영화 〈강철비〉에서 가장 따뜻한 순간은 쿠데타를 피해 '북한 1호'
와 함께 얼떨결에 남한으로 온 개성공단 노동자들의 짧은 식사 시간
이었다. 그들은 '북한 1호'의 응급처치를 맡은 남한 의사가 챙겨준 햇
반과 인스턴트 음식을 먹으며 "이밥, 이밥!"이라고 환호한다. 남한 의
사는 '이밥'이라는 말을 금방 알아듣지 못한다. 이런 상황은 후에 남쪽
철우(곽도원)와 북쪽 철우(정우성)가 함께 수갑을 차고 국수를 먹는 장
면에서도 반복된다. 북쪽 철우가 "깽깽이 국수가 참 맛있소"라고 할
때 남쪽 철우는 '깽깽이 국수'가 무슨 말인지 몰라 그저 멀뚱멀뚱 바라
볼 뿐이다. 반세기 이상 분단국가로 지내오면서 우리는 이제 서로의
말을 알아듣기가 점점 어려워지고 있다.

"(북한 사람들은) 이밥에 고깃국 먹소!"라고 북쪽 철우는 말하지만,
이는 지극히 일부의 식단임을 대부분이 안다. 김일성은 이미 1950년
대에 모든 인민이 이밥에 고깃국을 먹고 비단옷을 입을 수 있는 국가
가 실현될 것이라 장담했다. 그의 목표는 여전히 달성되지 못했다. 영

화 속 북한 노동자들이 '이밥'에 환호하다가 이내 북에 있는 가족들 생각에 서글퍼지듯이, 북한은 여전히 유엔에서 지정한 식량부족국가다. 미국 워싱턴의 국제식량정책연구소가 발표한 〈2016 굶주림지수〉 보고서에 따르면, 현재 북한은 전체 인구의 41.6퍼센트가 영양실조 상태다. 21퍼센트였던 1990년에 비해 두 배가량 늘어난 셈이다. 특히 기본적인 곡물 생산이 부족해 옥수수죽을 많이 먹는다니 '이밥'은 실로 귀하다.

한때는 남한에서도 '이밥에 고깃국'은 잘사는 집의 상징이었다. 맛없는 쌀인 정부미를 모르는 세대에게 이밥이란 단어도 낯설 것이다. 남한에서는 박정희가 그 이밥에 고깃국을 먹게 해줬다고 믿는 사람들도 많다. 박정희 덕분에 보릿고개를 넘겼다고 한다. 박정희가 일명 '통일벼'나 '유신벼'를 보급하며 쌀의 자급자족에 관심을 기울인 것은 사실이다. 그러나 정부가 한 품종을 강제하는 농정으로 인해 정작 농가는 빚더미 위에 올랐다. 기존의 쌀과 다른 쌀을 재배하기 위해 농민들이 융자를 안고 농기계를 마련하며 설비를 갖춰야 했기 때문이다. 1970년대를 관통하면서 농가 부채는 10년 사이 27배 증가했다.

남한의 경제가 성장하면서 하얀 쌀밥의 가치는 전과 달라졌다. 오늘날에는 건강을 위해 흰쌀밥보다는 잡곡밥을 선호하는 사람들이 많다. 또한 식재료가 다양해진 시대에 탄수화물이 많은 밥 자체가 예전과 같은 위상을 갖지 못한다. 이제는 밥을 봉긋 솟은 무덤처럼 '고봉으로' 올려 담는 시대가 아니다. 30년 전에 비하면 한국의 쌀 소비는 반으로 줄었고, 같은 기간 육류 소비는 4배 늘었다. 적은 양으로 고기 맛을 볼 수 있는 고깃국보다는 육질을 직접 씹을 수 있는 요리를 많이 먹는다. 그러니 '이밥에 고깃국'은 남한에서 부의 상징이 아니다.

이제는 먹거리도 각종 수입산이 뒤섞였다. 식재료의 수입뿐 아니라 외국 요리를 한국에서 접할 기회도 많다. 서울에는 세계의 식탁이 모여 있다. 한국 바깥도 마찬가지다. 나는 인구가 5만 명이 안 되는 미국의 작은 도시에 살았지만, 이런 곳에서도 월마트에 가면 '신라면'과 '너구리'가 있다. 식료품점에서 파는 김치도 매운맛과 덜 매운맛으로 나뉘어 있다. 일식집에 가면 열 살 정도 되어 보이는 백인 아이가 젓가락으로 우동을 먹는 모습을 본다. 사람들은 지역과 국가 사이를 활발히 이동하고, 그 이동에는 음식도 함께 따라오기 마련이다.

그러나 정작 가장 가까운, 유일하게 육지로 연결된 나라이며 같은 언어를 사용하는 북한의 식문화는 우리에게 낯설다. 가장 가까운 타자. 서울에서 미국 남부 가정식 요리를 어디서 먹을 수 있는지는 떠올라도, 북한 가정식 요리를 어디서 먹어야 하는지는 쉽게 생각나지 않는다. 가장 흔히 먹는 냉면과 만두, 속초에서 먹었던 아바이순대 등이 떠오르지만 정작 함흥에는 함흥냉면이 없다고 한다. 북한에 가본 적 없는 내게도 얼마나 많은 편견이 틀어박혀 있을까. 아무리 의식적으로 편견과 고정관념에 맞선다고 하지만 한계는 분명했다. 북한 음식 전문가이자 흔히 '최초의 탈북 여성 출신 박사'라는 수식어가 따라붙는 이애란의《북한식객》에서 길거리 음식인 '두부밥'을 알게 되었을 때 나는 이런 생각을 했다. 오, 북한도 길거리 음식이 있어?

《황석영의 밥도둑》에는 북한에 간 저자가 김일성과 함께 언감자국수를 먹고, 뜨끈한 온반을 먹었던 기억이 담겨 있다. 1980년대에 북한을 방문했고,《북한 방문기》를 남긴 독일 작가 루이제 린저Luise Rinser

도 북한에서 김일성과 이 언감자국수를 먹었다고 한다. 황석영의 묘사에 따르면 거무튀튀한 면발이 차지고 쫄깃하단다. 그 위에 갓김치를 올려놓은 국수의 맛은 어떤 맛일까. 감자전의 그 쫀쫀한 식감일까.

정부에서 식량을 일정하게 배급하는 북한의 식량배급제는 음식 문화의 획일화를 가져오고 기존의 역사를 단절시켰다. 게다가 어떤 식재료를 얼마나 배급받느냐가 곧 자신의 계급을 말해준다. '음식 권력'은 그렇게 형성된다. 매일 옥수수죽을 먹는 서민들이 다수인가 하면, 고급 호텔을 드나들고 해외를 방문할 수 있는 소수의 고위층은 전 세계의 산해진미를 맛볼 수도 있다. 식량 문제에 시달리는 국가지만, 그만큼 빈부격차도 크다. 북한에서도 출신성분이 좋은 집의 자녀들은 요리학교에 진학한다니 계층 간 식문화의 차이는 상상 이상일 것이다.

북한이라는 가까운 타자를 바라보는 남한의 관음증은 이 먹거리에도 닿아 있다. 예를 들어 김정은의 건강 이상은 그가 스위스 유학 시절 접한 에멘탈 치즈 때문이라고 하거나, 2018년 초에 귀순한 북한 병사의 뱃속에서 옥수수가 나왔을 때도 예외가 아니다. 그의 몸은 순식간에 남한뿐 아니라 전 세계에 북한의 빈곤한 실상을 보여주는 '자료'가 되었다. 인권침해가 아니라고 옹호하는 목소리도 있긴 하다. 그러나 이런 태도가 인권침해가 되지 않으려면, 그의 몸에서 나온 옥수수를 통해 북한의 실상을 확인하는 것 이상으로 북한의 식량 문제에 대한 담론이 형성되어야 한다. 그런데 그저 선정적인 관음증에서 그쳤다. 옥수수가 나왔대, 여기에서 더 나아가지 않았다. 이러한 관음증을 마치 사회적 시선인 양 둘러댈 뿐이었다.

선무, 〈콜라 마시는 아이〉(2010). 탈북 작가인 선무는 북에 남은
가족을 생각해 얼굴을 공개하지 않고 이름도 가명을 사용한다.

2018년 평창 동계올림픽 준비로 남한에 1박 2일간 머물렀던 현송
월 단장이 주문한 아메리카노 커피에도 언론의 이렇듯 저열한 관음증
이 흘렀다. 믹스커피가 아니라 아메리카노를 달라고 했다! 오, 북한 사
람인데 아메리카노를 마시다니, 마치 이런 시선이다. 그의 패션을 따
라가며 요리조리 뜯어서 평가하듯이, '아메리카노 맛을 아는' 북한 고
위층 여자를 한껏 구경하는 시선으로 가득하다.

단체로 반공 영화를 관람했고, 남파 간첩들의 소지품을 전리품처
럼 진열한 현장을 방문했으며, 휴전선과 멀지 않은 지역에 살았던 나

는 주기적으로 삐라를 주우러 다니는 등 철저한 반공 교육을 받고 자랐다. 그러면서 한편으로는 "우리의 소원은 통일"이라고 노래 부르며 통일을 당연한 과제로 여기도록 교육받았다. 반공정신도, 통일에 대한 당위도 실은 내게 깊이 침투하지 않았다. 간첩들의 소지품 중에서 내가 기억하는 건 고무처럼 보이는 가볍고 유연한 재질로 만들어진 휴대용 밥그릇뿐이다. 구경거리가 아니라 나와 똑같이 먹는 인간이라는 사실뿐이다.

5장

말하는
입

피로 맺어진 밥

오래전 한 여성에게서 "거리에서 직접 구호를 외치는 것보다 시위하는 사람들 음식 해주는 일이 나에게 더 잘 맞는다. 이런 사람들 가는 곳마다 따라가서 음식 해주고 싶다"는 말을 들은 적 있다. 당시 내게는 신선하게 들렸다. 시위에 '참여'한다고 하면 직접 거리에 서는 모습만 생각했던 내게 '참여'의 범위를 확장시켜 주었다. 시위든 전쟁이든 먹어야 싸울 수 있다. 2016년 말에서 2017년 초까지 이어진 촛불집회 때도 따뜻한 커피를 지원하던 카페, 생수와 김밥 등을 지원하는 단체들이 있었다.

광주항쟁을 소재로 한 영화 〈택시 운전사〉에서 대사가 있는 거의 모든 여성들은 주변 인물들에게 밥을 준다. 이 영화에서 대사 있는 여성은 몇 명 되지도 않고, 그 대사 분량도 적다. 영화의 소재가 실제 인물이었던 택시 기사와 독일 언론인의 경험에 근거했기에 여성의 적은 출연 자체를 비판하는 게 아니다. 그 적은 출연 분량에서 그들의 '역할'이 밥 주는 일에 국한된다는 사실이 과연 우연일까. 그리고 광주에 대한 영화는 언제까지 남성 중심의 저항과 상처만을 주로 다룰 것인가.

이 영화 속의 밥상은 대체로 가부장의 밥상이다. 열한 살 딸 은정이 아버지에게 밥상을 차려주고 (이때 아버지 김만섭은 음식 맛을 보며 "시집 갈 때 다 됐네"라고 칭찬한다), 광주에서 시위에 참여한 여성은 시민들에게 주먹밥을 나눠주며, 광주의 택시 기사 아내는 한밤중 갑자기 남편이 데려온 서울 택시 기사와 독일 언론인에게 밥을 차려준다. 김만섭이 다시 서울로 돌아가는 길에 국수를 먹는 식당에서도 여자 주인은 주먹밥을 덤으로 준다. 장면이 직접 나오진 않으나 만섭과 은정이 세 들어 사는 집의 주인인 상구 엄마도 이들에게 음식을 주고, 혼자 아버지를 기다리는 은정의 식사를 챙겨준다는 암시가 있다.

이 중에서 가부장의 밥상과 가장 거리가 있는 밥은 시위 중에 나눠준 주먹밥이다. 광주에서 주먹밥을 나눠주던 여자가 후에 피투성이가 되어 만섭의 택시 위로 쓰러지는데, 이때 만섭은 "주먹밥 ……"이라고 중얼거린다. 이 여성은 주먹밥과 동일시된다. 전혀 모르는 사람에게 주먹밥을 받았으니 그를 기억하는 방식이 그가 준 밥이 되는 것은 어찌 보면 자연스럽다. 그러나 이 '자연스러움'이 거의 여성의 역할로 국한된다면? '어머니가 끓여준 된장찌개'에 대한 향수처럼, 어머니를 기억하는 방식이 '나를 위해 어머니가 해준 음식'에 머무는 중후한 남성들의 목소리를 한두 번 들었는가.

영화 속에서 여자가 등장하면 그저 밥이 따라오거나 여자의 몸을 보여준다. 크게 보면 이 틀에서 벗어나지 않는다. 〈택시 운전사〉에서 여성 인물들이 밥을 주는 모습은 여자와 밥을 세트로 생각하는 상상

정정엽, 〈식사준비〉(162×372cm, oil on canvas, 1995). 일상에서 흔히 만나는 엄마, 할머니, 아줌마의 장 보는 모습이다. 여성들은 동일한 색으로 그려졌지만, 장바구니 속 식재료에는 다채로운 색을 더해 생동감이 있다.

력의 한계가 빚은 산물이다. (집 안의 여자는 밥과 세트이며 집 밖의 여자는 술과 세트다.) 여기에는 두 가지 문제가 겹쳐 있다. 하나는 앞서 언급했듯이 여성 인물들을 대개 밥을 주는 모습으로만 그린다는 점, 다른 하나는 밥을 주는 그 여성들의 노동을 노동으로 조명하지 않는다는 점이다. 노동이나 사회 참여가 아니라 여성의 '자연스러운' 성 역할로 밥하기를 보여준다. 남편이 데려온 손님에게 아내인 여성이 밥상을 올리도록 하는 행동은 남편이 집안에서의 힘을 과시하는 태도이다. 그래서 괜히 "손님이 왔는데 찬이 이게 뭐야?"라고 말하며 남자는 허풍을 떤다.

'밥을 짓고 밥을 주는 일'에 대한 노동가치를 명백히 인식시키기, 나아가 여성의 밥하기 노동이 '자연스러운 성 역할'이라는 관념에서 벗어나기. 이 두 가지는 양립할 수 있다. '성 역할'이 아니라 노동으로 인식할 때 여성이 음식을 매개로 어떻게 사회 참여를 했는지 더 명확히 볼 수 있다. 아내로서, 엄마로서 밥을 주는 모습을 재현하는 방식은 오히려 여성의 노동과 사회 참여를 흐릿하게 만든다.

고정희의 〈광주민중항쟁과 여성의 역할〉, 안진의 〈5·18 광주항쟁에서 여성 주체들의 특성〉[43] 등을 참고하면 실제로 광주항쟁에서 여성들은 남의 몸에 밥 주기부터 제 몸으로 피 흘리기까지 다양한 방식으로 참여했음을 알 수 있다. 고정희는 시위 현장에서 여성들이 만들어 나눠준 주먹밥을 "광주 공동체의 피로 맺어진 약속의 밥"이라 표현한다.

> 시민들의 왕래가 잦은 곳이면 어디든지 동네 아주머니들이 모여서 길목을 지키다가 지나는 시위 차량을 멈추게 하고는 김밥과 주먹밥을 한 함지씩 실어주는 것이었다. …… 광주 시민이면 아무나 찾아와 요기를 할 수 있었고, 어느 곳에나 푸짐한 음식이 준비되어 있었다. 특히 시장 아주머니들이 가장 열성이었다. 그들은 지난 며칠 동안의 참상을 똑똑히 보았던 사람들이었다. 양동시장·대인시장·학동시장·산수시장·서방시장 등에서는 조직적으로 밥과 반찬이 공급되고 있었다. …… 전투가 치열했던 금남로에는 동별로 나온 수백 명의 가정주부들이 김밥을 함지에 담아 도로에 펼쳐놓고 시위대에게 나눠주었으며, 주먹밥·달걀·김치·음료수·빵 등 각양각색의 음식이 형제자매들의 손에 아낌없이 나뉘어졌다. …… 이 주먹밥이야말로 광주 공동체의 피로 맺어진 약속의 밥이었다. 밥을 먹는 시민들은 자신이

광주 공동체가 뽑아서 민주화 전선으로 내보낸 전사임을 새롭게 자각했고, 밥을 해준 주부들은 비인간적인 공포로부터 벗어나 그것들을 몰아내는 데 자신이 동참하고 있다는 사실에 신바람이 나서 밥을 나누어주지 않고는 못 배기는 모습이었다. 이와 같은 식사의 연대는 금남로의 시위 군중을 새로운 전의에 불타도록 만들었고, 뜨거운 시민 공동체를 형성하고 있었다.[44]

당시 광주에서 정현애와 김상윤이 운영한 녹두서점은 광주 운동권에서 주요한 역할을 담당했다. 광주항쟁 때도 이 녹두서점으로 청년들이 모였고, 플래카드와 유인물을 비롯한 시위 준비물을 마련했다. 이를 위한 자금도 여성들이 준비했다. 특히 녹두서점은 진보적 여성단체인 송백회 회원들의 집결지였다. 그뿐 아니라 정현애는 운동권 학생을 비롯해, 이 서점에 들러 민주주의에 대한 열망을 키우던 사람들에게 평소에도 밥을 챙겨주었다.

송백회 회원들, 노동운동 모임인 들불야학 회원들, 문화운동 단체인 극단 '광대'의 여성들, 여성 노동자들은 민주운동 단체와 연대해 활발히 활동했다. 이들은 항쟁의 처음부터 끝까지, 마이크를 잡고 방송하는 일부터 거리에서 피를 흘리며 쓰러지기까지, 전단지 작성부터 화염병 만들기까지 다양하게 참여했다. 시위대 사이를 휘젓고 다니며 밥을 나르는 주부와 식당 종업원부터 병원에서 부상자를 치료하느라 비번도 없이 일한 간호사까지, 다양한 인물들이 다양한 일을 했다. 그럼에도 광주항쟁을 다룬 영화 속에서 여성의 역할은 극히 통념적인 성 역할에 국한되어 있다.

강연균, 〈하늘과 땅 사이 1〉(1981). 직접 광주항쟁을 목격한 작가가 담은 참상

　　현대 민주주의 정치에서 여성의 저항사는 잊혔다. 남성의 무장투쟁이 항쟁의 대표적 얼굴이 되었고, 여성 의병이나 여성 독립운동가가 지워졌듯이 광주항쟁에서 여성의 참여도 지워져왔다. 여성의 역사는 축적되는 속도보다 지워지는 속도가 더 빠르지 않을까 싶을 정도로 온 힘을 다해 남성연대가 여성의 역사를 지운다. 마치 매번 먹어치우는 밥처럼. 어쩌랴. 그래도 매번 밥을 짓듯이 여성들은 계속 역사를 직조할 수밖에.

선술집에서 민주주의가 탄생할 때
여자들은 어디에 있었나

한 진보적인 매체가 '헬조선'에 대한 담론을 기획하고 모두 남성 필자들의 글로만 채운 것을 보고 굉장히 낯설었던 적이 있다. 어떻게 한 사회를 총체적으로 바라보는 담론을 기획하면서 오로지 남성의 입만 빌릴 수 있지. 내게는 심하게 낯설었지만, 매체에 글이 실려 나올 때까지 그 기획에 참여한 누구도 이에 대해 문제의식이 없었던 모양이다. 그 모습 자체가 내게는 '헬조선'이었다. 어떤 자리가 특정 성별로만 구성되어 있어도 이상하지 않은 상황은 생각보다 드물다. 이 이상한 일이 매우 일상적으로 벌어진다.

필라델피아에 갔다가 호텔 근처라서 그냥 식사하러 들른 식당이 알고 보니 역사적 장소였다. 문을 열고 안으로 한 발짝 들여놓는 순간, 묘한 분위기와 마주쳤다. 하프를 연주하는 사람이나 입구에서 손님을 맞이하는 직원들이나 복장이 예사롭지 않았다. 게다가 조명은 왜 이리 어두컴컴한지 미스터리 영화의 세트장에 들어선 기분이었다. 18세기 분위기를 유지하면서 당시 의상을 갖춰 입은 직원들이 정중

한 서비스를 한다.

인디펜던스홀 근처의 '시티 태번City Tavern'은 1773년에 문을 연 유서 깊은 레스토랑이다. 본래의 건물이 화재로 소실되어 다시 지은 건물이다. 믿거나 말거나 18세기 요리법으로 음식을 만든다고 한다. 오래전부터 수많은 상을 받은 유명한 레스토랑이다. 나는 치킨 팟파이를 주문했는데, 내가 먹어본 치킨 팟파이 중 가장 맛있었다. 내 입맛이 18세기와 어울리는 걸까. 주석 잔에 물이 나왔고, 음식과 함께 제공되는 빵도 18세기 영국의 빵을 재현했다고 한다. 18세기 음식 맛을 모르는 21세기 인간의 입장에서, 그렇다니 그런가 보다 했다.

미국 독립의 역사는 필라델피아와 보스턴 곳곳에 남아 있다. 워싱턴 D.C.를 수도로 삼기 전에 필라델피아가 미국의 수도였다. 1776년 7월 4일 미국의 13개 주 대표들은 필라델피아에 모여 영국으로부터의 독립을 공포한다. 필라델피아의 올드타운은 그때 모습을 유지하고 있다. 시티 태번은 독립 선언 당시 조지 워싱턴George Washington, 벤저민 프랭클린Benjamin Franklin, 새뮤얼 애덤스Samuel Adams, 토머스 제퍼슨 Thomas Jefferson, 존 애덤스John Adams 등 주요 정치인들이 즐겨 찾던 곳이다. 흔히 '미국 건국의 아버지Founding Fathers of the United States'라 불리는 이들이 자주 모여 식사를 했다.

학자들이 선술집에서 민주주의가 탄생했다고 말할 정도로 당대의 정치인이나 지식인, 상인 등은 술집에 모여 정치적 의제를 논하고 연대했다. 근대로 넘어오면서 대도시의 선술집, 커피하우스, 클럽 등은 정치와 예술을 토론하는 '공공장소'가 되었다. 그 장소에 모이는 사람들은 다양한 사람들과 교류하며 친분을 쌓았고, 예술적 취향을 기르

로버트 엣지 파인, 〈독립을 표결하는 의회Congress Voting Independence〉(1784~1788). 백인 남성들로만 이루어진 의회는 당시 여성과 흑인 노예, 아메리카 원주민이 '독립'의 담론에서 소외되어 있었음을 보여준다.

고 정보를 나누며 세상 돌아가는 방향을 알아갔다.

　그 선술집에서 민주주의가 나오는 동안 여자들은 다 어디에 있었을까. 미국 독립선언문을 작성하기 위해 각 주의 대표들이 필라델피아에 모여 '중요한 일'을 하는 동안 여자들은 어디에 있었을까. '건국의 아버지' 중 한 사람인 미국의 제2대 대통령 존 애덤스의 아내 애비게일 애덤스Abigail Adams는 남편의 조언자이자 페미니스트였다. 당시 그의 역할은 '건국의 아버지'들에 가려졌지만, 오늘날은 그를 '건국의 어머니'들 중 한 사람으로 꼽기도 한다. 미국이 영국에서 독립되어도 흑인 노예는 여전히 백인 주인에게 종속되었듯이, 여성들은 참정권도 없이 가정에 종속되어 있었다. 선술집에서 탄생한 민주주의는 남자들만의 민주주의였다.

2014년에서 2018년 3월까지 방영한 MBC〈시사토크 이슈를 말한다〉에서 진행자는 "MBC 해장국집에 오신 것을 환영합니다"라고 말하며 방송을 시작한다. 남성 진행자와 주로 남성 출연자들이 한 주간의 시사이슈에 대해 이야기를 나눈다. 해장국집이라 부르는 이 방송의 무대 세트는 18세기 태번의 모습과 흡사하다. 먹고 마시며 모여 앉아 대화를 나누는 탁자가 있고, 한쪽에는 지붕이 있는 바에 손님을 접대하는 사람이 서 있는 구조다. 남성 출연자들이 정치를 논하는 동안, 여성은 혼자 부엌으로 꾸며진 공간에 떨어져서 남성들의 말을 듣고 있다. 여자의 자리는 거기, 이쪽으로 넘어오지 말라. 작정하고 보여주는 듯하다.

2017년 여름 문재인 대통령과 재계 총수가 만났던 '맥주 회동'을 담은 사진 한 장도 결코 사사롭게 보이지 않았다. 이 사진을 보면 마치 '최후의 만찬'처럼 남성들이 문재인 대통령을 중심으로 늘어서 있다. (우연이겠지만 사진 속에는 13명이 찍혔다) 흰 셔츠를 입은 채로 맥주잔을 들고 있는 그들의 단체사진을 바라보며 '경제'의 얼굴에 대해 생각했다. 이 자리에 참석한 사람들은 대통령, 비서실장, 산업통상자원부 장관, 기획재정부 장관과 여러 기업인들이었다. 잘사는 경제를 만들자며 모인 그 자리가 모두 남성들로 채워져 있는 이 풍경이 지극히 우연이기만 할까.

여성주의 정치이론가 아이리스 매리언 영Iris Marion Young은 노동시장에서 관찰되는 억압을 다섯 유형으로 구별한다. 착취, 주변화, 무력화, 문화제국주의, 그리고 폭력이다. 여기서 문화제국주의는 "특정 그룹의 경험과 관점을 고정관념으로 삼음으로써 이것을 '타자'로 구성하고 동시에 규범으로 인정된 주류 집단의 경험과 문화를 보편화함으로써 '타자'를 배제하는, 이중적 배제의 형태다."[45]

성별 공간 분리는 여성을 비롯한 사회적 약자를 차별하고 배제하는 전형적인 방식이다. 역사적으로 공공장소는 여성을 주체로 인식하지 않았다. 미디어는 이 방식에 의문을 제기하기는커녕 오히려 관념을 재생산하는 역할을 수행한다.

여성 친화적인 공간은 주로 소비의 공간이다. 19세기 파리에 처음 백화점이 생길 때부터 거대한 소비의 장소는 여성의 입장에 관대했다. 자본주의는 여성을 소비자로 자리매김했다. 남성 가장-임금노동자, 여성 보조자-소비자의 구도를 만들어, 여성이 남성에 의존해 살면서 돈을 쓰는 이미지를 만든다. 여성에게 '관대한' 노동의 자리가 바로 접대하는 역할이거나 업무를 보조하는 역할이다. 이 역할 분리는 여성의 자리를 게토화한다. 전통적으로 외교관은 남성이어야 한다는 관념이 있지만, 외교관의 아내들은 그들의 네트워크를 통해 비공식적 외교를 수행하는 역할을 맡았다. 이렇게 여성을 투명하게 만든다.

목소리를 내는 방식에는 '어디에서' 말하는가도 중요하다. 자리가 정해진 사람들은 자리의 이동이 그 자체로 사회의 규범에 저항하는 방식이 된다. 페미니스트 비평가 엘스페스 프로빈Elspeth Probyn이 주장한 바와 같이, 장소의 정치는 "우리가 어디에서 말하고 어떤 목소리들이 허락되는가"에 달려 있다.[46]

이처럼 권력의 역사는 장소-자리의 역사와 긴밀하게 연결되어 있다. 어느 자리에서 여성이 어떻게 보이는가. 이 문제가 사소하지 않은 이유다. 정해진 자리 바깥으로 나가고, 정해진 역할을 벗어나 경계를 무너뜨리며 질서를 교란시킬 때 타자와 주체의 권력관계는 전복될 수 있다.

단식과 폭식

미국을 가로질러 멕시코만 바다로 흘러들어가는 미시시피강을 거꾸로 거슬러 올라가면, 미국 북쪽의 아이태스카호Lake Itasca에서 강이 시작한다. 강의 시작과 끝. 나는 주로 이런 별 의미 없는 것들에서 의미를 찾아 숨 쉰다. 이 호수의 생태를 지킨 사람이자 20세기 초 최초의 공원 관리자였던 메리 깁스Mary Gibbs라는 사람이 있다. 일생에 걸쳐 환경운동을 했던 그는 일선에서 물러나 요양 중이던 102살에도 돌봄 서비스의 문제에 항의하며 단식투쟁을 했다. 그 후 2년을 더 살았고, 104세에 세상을 떴다. 102세에도 자신이 원하는 것을 지키며 옳다고 생각하는 말을 하기 위해 과감히 단식투쟁에 돌입하다니. 할 말이 많은 사람은 음식이 들어갈 공간조차 자신의 말을 위해 기꺼이 자리를 내준다.

살아 있는 사람들 중에는 먹는 사람뿐 아니라 먹지 않는 사람도 있다. 음식을 끊는 이유는 여러 가지다. 간헐적 단식처럼 건강을 위해(전문가들 사이에서도 아직 의견이 분분하지만) 자발적으로 일정 기간 먹지 않거나, 혹은 몸이 아파서 먹고 싶어도 먹을 수 없는 사람이 있다. 종교적 이유로 금식을 할 수도 있으며, 여성들의 경우 성차별적 사회에서 먹기를 거부하는 증상에 시달리기도 한다.

앞서 언급한 메리 깁스처럼 '먹지 않음'으로 의사 표현을 할 만큼 강력히 투쟁하는 사람들도 있다. 인도에서 군부독재와 폭압에 항거하며 세계 최장 단식투쟁을 벌인 이롬 샤르밀라Irom Sharmila는 무려 16년 동안 단식했다. 코로 연결한 튜브를 통해 기본적인 영양을 공급받을 뿐 음식 섭취를 거부했다. 비유가 아니라, 투쟁으로서 단식은 정말 몸이 줄어들고 깎이는 고통을 감내하는 일이다. 몸 안의 지방이 연소되고, 근육량이 줄어들며, 뼈에서 칼슘이 빠지고, 피부가 늙어간다. 삭발과 마찬가지로 단식이라는 투쟁의 방식은 제 몸의 뼈와 살을 깎아 자음과 모음을 만들어 말을 쌓아가는 행동이다.

세월호 사건이 일어난 2014년. 그해 여름 유가족인 김영오 씨는 46일간 광화문에서 단식을 했다. 사건에 대한 진상규명과 책임자 처벌. 그가 단식을 통해 하고자 했던 말이다. 끔찍한 사건이 무책임하게 수습된 것에 항거했다. 언제나 그렇듯이, 사고는 은폐와 방관을 거듭해 사건이 되고, 사건은 늘 '진정성'의 습격을 받으며, '이제 그만', '지겹다' 등에 둘러싸여 고립된다. 사랑하는 사람을 상실한 사람들은 이 사건이 사회적으로 살아 있기를 원한다면, '지겨운' 사람들은 사건의 소멸을 원한다. 급기야 최악의 사태를 보고 말았다. 단식투쟁을 하는 유가족들 곁에서 피자와 치킨을 시켜 먹으며 '폭식투쟁'을 하던 사람들. '일베' 회원들을 비롯해 단식투쟁에 반대하는 이들은 "생명을 존중하는 우리들은 삶의 징표인 '식'을 통해 투쟁합시다"라며 '생명 존중 폭식투쟁'을 했다. '투쟁'의 이름을 빌린 잔인한 공격이었다.

맛의 75퍼센트는 냄새를 통해 느낀다고 한다. 요리에는 냄새를 처리하는 과정이 늘 있다. 어떤 냄새는 '잡내'나 '누린내'가 되어 사라지고, 어떤 냄새는 '향'으로 살아난다. 보이지 않는 이 냄새들의 향연은 함께 음식을 먹지 않는 사람에게 방해물이다. 소리와 냄새는 사람과 직접 대면하지 않고도 괴로움을 줄 수 있다. 층간 혹은 옆집 간에는 소음뿐 아니라 음식 냄새 때문에 싸우는 일도 일어난다고 하니, 그 괴로움이 오죽하면 그럴까. 냄새는 맛보다 오래 남아 혀에서 음식물이 사라져도 옷에 배고, 공기 속에 흔적을 남긴다.

냄새가 강한 짜장면과 피자, 치킨을 먹으며 단식투쟁을 조롱하는 이들의 모습을 사진으로 보고 있으면 나의 뇌가 기억하는 냄새가 코끝에서 맴돈다. 도대체 그들의 마음에는 누가 있기에 그토록 잔인하게 먹어야 했으며, 희생자들을 향해 글로라도 적고 싶지 않은 끔찍한 조롱의 언어들을 풀어놓아야 했을까. 폭식투쟁은 냄새를 통한 일종의 화학적 공격이며, 사람에게 모멸감을 주는 인신공격이다. 제 몸을 굶겨 고통스럽게 피와 뼈로 쓰는 말들에 음식을 퍼붓는 공격이다.

유가족이 '곡기를 끊는' 심정을 어찌 다 헤아릴까. 유가족들은 먹기를 끊음으로써 먹을 수 없는 죽은 자와 연대한다. '표현의 자유'와 더불어 '생명 존중'도 숱하게 악용되는 개념이다. '식'이 반드시 삶의 징표는 아니다. 어떻게 '식'을 하는가에 따라 오히려 단/식이 극도의 자유의지를 드러내는 생생한 삶의 징표가 된다. 프란츠 카프카Franz Kafka의 소설《변신Metamorfosis》에서는 자고 일어나보니 벌레로 변신해 있어 가족의 멸시를 받던 그레고르 잠자가 결국 굶어 죽는다. 카프카

마틴 센, 〈단식광대A Hunger Artist〉(2003). 스위스 작가 마틴 센은 카프카 소설들을 주제로 시각예술을 발표하고 있다.

에게 인간의 굶는 상태가 예사롭지 않은 탐구 주제였음은 《단식광대 Ein Hungerkünstler》에서도 선명하게 드러난다. 《단식광대》에서 광대는 40 일씩 단식을 한다. 40일이 지나면 음식을 조금 먹고 쉰 다음, 며칠 후 다시 40일 단식에 들어간다.

사람들은 때로 이 단식광대를 의심한다. 몰래 음식을 먹을지도 모른다고. 감시자들을 붙여놓지만, 이 감시자들은 형식적으로 단식광대를 지킬 뿐이다. 그들은 단식광대에게 몰래 준비한 음식이 있다면 먹어도 된다고 '배려'하지만, 이런 태도는 단식광대를 더욱 비참하게 만든다. 단식광대는 자신이 갇힌 창살 안에 먹을 것이 아무것도 없으며 자신은 정말 아무것도 먹지 않음을 계속 증명하기 위해 애쓴다.

단식광대의 불만은 원하는 만큼 단식을 할 수 없다는 점이다. 그는 자신의 의지로 원할 때까지 단식하고 싶어 한다. 아무도 신경 쓰지 않지만, 그는 결국 계약 기간인 40일을 넘어 계속 단식한다. 그의 뜻을 알 리 없는 관객들은 이 광대를 조롱한다. 그는 자신이 단식을 계속하는 이유로 "맛있는 음식을 발견할 수 없기 때문입니다. 그런 음식을 발견했다면, 이렇게 이목을 끌려는 짓을 하지 않았을 거고, 당신네들처럼 배불리 먹었을 거요"라는 말을 남기고 죽는다. 공연 매니저는 죽은 단식광대를 치우고 그 자리에 젊은 표범을 들여보낸다. 관객들은 창살 안의 표범을 보며 생명력을 느끼고 기분 전환을 한다. 벌레가 된 잠자를 묻고 가족들이 화기애애한 분위기를 되찾는《변신》의 마지막 장면과 비슷하다.

　이 단식광대가 정작 끊으려 하는 것은 무엇일까. 자신이 추구하는 맛을 위해 그는 먹지 않았다. 정확히 말하면 먹기를 거부했다기보다 '내가 원하는 것을 먹기 위해' 원치 않는 먹기를 거부했다. 단식광대가 추구했던 것은 극단적 숭고다. 이 숭고는 자유의지에서 나온다. 실제로 작품 속에서 단식광대는 순교자에 비유된다. 게다가 단식 일정이 40일이라는 점은 예수의 단식을 떠올린다. "그때에 예수께서 성령에게 이끌리어 마귀에게 시험을 받으러 광야로 가사 40일을 밤낮으로 금식하신 후에 주리신지라"(마태복음 4:1~2). 예수는 본격적인 '공생애'를 시작하기 전에 40일간 단식을 했다. 추구하는 방향이 선명한 사람은 온몸을 비워 자신의 말로 가득 채운다. 이제 그 몸의 세포 하나하나가 공적인 생명이 된다.

　단식광대는 "누군가에게 단식법을 설명하려고 해보라. 이를 느끼지 못하는 자에게는 이해시킬 수 없는 노릇이다"고 한다. 정확한 말이

마틴 센, 〈단식광대〉(2003)

다. 느끼지 못하는 사람을 이해시킬 수는 없다. 《단식광대》는 카프카가 병으로 수척해가는 말년에 썼다. 폐결핵이 심해지면서 나중에는 점점 후두까지 병이 퍼져 음식을 삼킬 수 없는 상태가 되었다. 그 자신이 단식에 대해 느끼는 바가 있었기 때문에 쓸 수 있는 글이었다.

　　일상의 정치는 느끼는 감각에서 시작한다. 마음이 없는 몸은 때와 장소를 분별하지 못하고 먹는다. '식'이 삶의 징표가 아니라 타인의 상처를 공격하는 무기가 되는 순간이다.

펜스 룰, 여성을 배척하라

어릴 때 막냇삼촌이 선보고 오던 날, 어른들은 뭔가 들떠 있었다. 긍정적인 미래를 예측했다. 상대 여성이 삼촌과 좋은 분위기에서 밥을 먹었기 때문이다. 거의 30년 전이다. "마음에 안 들면 밥을 안 먹는다니까. 둘이 차 마시고 밥까지 먹고 왔대. 아가씨가 세상에 그 똥차(당시 삼촌의 낡은 화물차)에도 올라타더란 거야. 젊은 아가씨가 그런 차에 타는 거 꺼릴 수도 있는데, 아무렇지도 않게 같이 탔다니까. 마음에 있었어, 마음에 있는 거야." 맞선 날 삼촌이랑 차 마시고 밥도 먹고 그 낡은 '똥차'를 타고 함께 이동했던 그 여성은 다음 해 삼촌과 결혼해서 나의 외숙모가 되었다.

요즘은 첫 미팅 날 같이 밥 먹었다고 긍정적 신호로 여겨지는 않지만, 예전에는 함께 밥 먹는 이성 관계에 의미를 부여하는 일이 많았다. 이성 간의 식사는 유혹의 전초전으로 여겨지기 십상이다. 데이트 신청을 하면서 식사 시간을 비껴가는 경우는 없다. 만약 프로포즈를 한다면 근사한 식당을 예약한다. 양쪽의 부모가 만나 밥이라도 먹으면

에두아르 마네, 〈폴리 베르제르의 술집A Bar at the Folies-Bergère〉(1881~1882). 미술사학자 그리셀다 폴락Griselda Pollock은 이 작품을 예로 들며 "마네와 동일한 계층의 여성은 과연 이런 공간들을 익숙하게 느끼고 있었을까?"라는 질문을 던진다.

이건 확실히 결혼을 위한 자리다. 상견례. 식탁은 침대로 가기 전 거쳐야 하는 곳이다. 여남의 만남은 유혹의 장, 사적 관계로 환원된다.

펜스 룰Pence Rule을 언급하는 사람들이 있다. 그 기원은 2019년 현재 미국 부통령인 마이크 펜스Mike Pence가 인디애나주 하원의원이던 2002년으로 거슬러 올라간다. 펜스가 아내와 동석하지 않는 자리에서는 다른 여성과 단둘이 식사하지 않는다고 발언한 데서 비롯되었다. 보수적인 기독교 윤리에 따라, 아내가 아닌 여성과 단둘이 만나 식사하거나 술을 마셔서 괜한 오해를 만들지 않겠다는 뜻이다.

마이크 펜스는 반듯한 겉모습 덕분에 제멋대로 행동하는 트럼프에 비하면 '뭔가 더 나은' 사람처럼 보이기 쉽다. 실상은 전혀 그렇지 않다. 그는 지독히 보수적인 기독교인으로 낙태나 성 소수자 관련 정책에서 한 치의 융통성도 보이지 않는다. 종교를 핑계로 낙태를 반대하며, 생명 존중을 외치지만 총기 규제는 반대한다. 이처럼 위선적인 그의 태도는 펜스 룰에도 적용된다. 가정적이고 아내를 존중하는 듯하지만, 실은 여성을 성적 대상에 한정하는 셈이다. 이런 생각도 문제가 있지만, 이 생각이 태평양을 건너오자 더욱 이상하게 변질되었다.

한국에서 성폭력 고발이 이어지자 이 펜스 룰을 환영하는 사람들은 바로 남성들이다. 여성과 일대일로 만나 오해를 만들지 않겠다는 뜻인데, 여자와 일 안 한다는 뜻으로 왜곡시킨다. '무고 피해자'가 되지 않기 위해서라는 웃기지도 않은 핑계를 댄다. 그런 식이라면 여성들이야말로 성폭력 피해자가 되지 않기 위해 적극적으로 남성들을 배제해야 한다. 남녀칠세부동석의 시대로 돌아가려는 것일까.

여성을 배제하는 이 방식은 아이가 시끄럽다며 입장을 거부하는 '노키즈존'과 겹치는 면이 있다. 함께 둘러앉아 환대하는 것이 아니라 약자를 문제의 원인으로 만들어 추방한다. 성범죄의 원인을 여성에게서 찾기에 이 존재를 원천봉쇄하려는 발상이다. 흔히 남자가 조심할 대상으로 술, 도박, 그리고 여자를 든다. 주색에 빠진다고 한다. 이들에게 여자는 술과 도박과 동급이다. 자칫 남자의 인생을 망칠 수도 있는 위험한 대상이다. 남자를 위협하는 영원한 악, 바로 여자라는 꽃뱀.

툭하면 '성 대결' 하지 말라거나 "모든 남자가 가해자는 아니다"라고 말하면서 이렇게 성을 기준으로 단순하게 여성을 배제하는 방식을 왜 환영할까. 여성 상위 시대라고 징징거리지만, 남성들이 실제로 자신의 권력을 잘 알고 있다는 뜻이다. 즉, 결정하는 위치에 있는 사람이 대부분 남성임을 방증한다. 여성이 성적 대상이 되거나 성 역할에 충실하지 않으면 조직에서 함께 일할 수 없게 만드는 힘의 과시다. 많은 남성들은 '잠재적 무고 피해자'가 되어 자신들을 보호한다는 명목으로 남성 권력을 과시한다. 이들은 성범죄를 사유하는 것이 아니다. 성범죄자로 취급받는 것이 싫을 뿐이다.

　기업 채용 면접에서 여성들에게 성폭력 고발에 대해 어떻게 생각하는지 물으며 고의적으로 불이익을 준다는 소식도 전해졌다. 이름이 알려진 예술가나 연예인, 정치인의 행실을 폭로하면 사람들이 관심이라도 갖지만, 일반 직장 내에서는 정말 피해자만 고스란히 사라지기 십상이다. 여성 인턴을 남성이 성추행하는 사건이 벌어지자 여성 인턴을 뽑지 않기로 하거나, 결혼 후 직장을 그만둔다는 이유로 여성을 채용하지 않는 등 언제나 여성을 배척하는 선택을 해왔다. 여전히 여성이 문제다. 이는 공적 영역을 남성화한다. 여성은 공적 영역에서 언제나 성적으로 남성을 위험하게 만들 수 있는 존재가 되어버린다.

　어쩜 십수 년 전 내가 겪은 일과 조금도 다르지 않을까 놀라곤 한다. 여전히 여성들은 결혼과 출산에 관련된 질문을 받는다. 나는 남자친구가 있어도 없다고 대답한 적 있다. 어떤 남자가 "결혼하면 일 그만둘 거 아냐?"라는 질문을 받을까. 결혼 안 한 남성은 예비 가장이라서, 결혼한 남성은 가장이라서, 자식이 있으면 자식이 있어서 직장이 필요하다고 생각한다. 반면 결혼 안 한 여성은 책임질 가족이 없다고, 결혼한 여성은 남편이 있다고, 애 엄마들은 직장에 집중하지 않는다고 직장에서 눈치를 준다.

단란주점이나 룸살롱의 이름을 보면 한국 사회의 업무가 어떻게 돌아가는지 보인다. 비서실, 비즈니스 클럽 …… 작은 마을에서도 터미널 근처에서 이런 간판을 본다. 계층과 젠더의 위계를 통해 굴러가는 '비즈니스'다. 이렇게 대놓고 유흥업소가 아니어도 여성을 배제하는 방식은 '비즈니스'라는 이름으로 섬세하게 굴러간다. 코넬리아 파인Cordelia Fine은 일터에서의 여성 배제가 어떻게 문화적으로 자리 잡았는지 잘 설명한다.

> 언뜻 보기에는 골프 코스를 한 바퀴 도는 것과 그 지역의 랩댄스 클럽을 방문하는 일에는 별 공통점이 없다. 둘 다 여가 활동이라는 건 사실이지만 하나는 보수적이고, 관습적이며, 심지어 아가일 무늬의 양말을 신어야 하고, 다른 하나는 남자 바지의 지퍼 부분에 성기를 비벼대는 벌거벗은 여자들이 개입한다. 그러나 그들이 공유하는 건 고객과 어울리는 귀중한 기회에서 여성을 배제하기에 충분한, 하나의 영역을 제공하는 환경이다.[47]

"일터에서 여성에 대한 적대감을 표현하는 가장 효과적인 방법일지 모를 성희롱"은 여성을 공적 영역에서 배제하는 가장 보편적이고 효과적인 수단이다. 성'희롱'이라고 하니 유혹과 헷갈려하는 사람들이 있다. 정확히는 성적 괴롭힘sexual harassment이다. 아울러 한국은 일대일 만남에서 유혹을 가장해 자행하는 추행보다는 여러 사람 앞에서 집단적으로 여성을 대상화하는 사회 분위기가 강하다. 업무상 회식이지만 여성은 접대부가 되거나 엄마 노릇을 해야 한다. 접대부나 엄마로 여기지 않고 여성과 관계 맺는 법을 모르는 심각한 상태에 이른 남성들은 가장 쉬운 방법인 배제를 택한다. 여자를 유혹하지도 여자에게 유혹받지도 못한다.

요리를 쓴다는 것

영화 〈히든 피겨스〉에는 흑인 여성 최초로 나사NASA 엔지니어가 될 메리 잭슨Mary Jackson이 교육받을 권리를 얻기 위해서 '최초의 중요성'을 논리적으로 설명하며 판사를 설득하는 장면이 있다. 막힌 벽을 처음 뚫은 사람은 항상 중요한 역사가 되는 법이다. 최초로 픽션을 쓴 미국 흑인 여성은 누구일까. 현재까지 발견된 기록으로는 1858년 《여성 노예의 이야기The Bondwoman's Narrative》를 완성한 한나 크래프츠Hannah Crafts다. 출판이 된 것은 2002년이 되어서였다.

대부분의 문화는 '주인'을 중심으로 기록된다. 교육을 제대로 받지 못하고 발언권이 없는 하층민들의 문화사는 당사자가 기록하기 어려워 잘 남지 않는다. 식문화도 '주인'을 중심으로 기억한다. 그 많은 작물을 기르고 식재료를 직접 다듬어 주인이 먹을 음식을 만들어내던 과거의 노예들은 뭘 먹고 살았을까. 또한 그들이 '먹은' 음식과 그들이 '만든' 음식은 일치할까.

우에하라 요시히로上原善広가 여러 나라의 "차별과 빈곤, 박해 속에

서 단결해온 이들 사이에 피어난 창조적이고 저항적인 식문화"를 경험하고 쓴《차별받은 식탁被差別の食卓》은 그런 면에서 꽤 신선했다. 만난 적도 없지만 괜히 동지애가 느껴진달까. 우에하라의 책에도 나오지만 프라이드치킨이 주로 흑인 노예들이 먹던 음식에서 유래했다는 사실은 이제 많이 알려져 있다.

1960년대 중반 이후 민권운동의 일환으로 미국 흑인들의 음식을 '소울푸드soul food'로 명명하기 시작했다. 소울푸드는 백인이 먹지 않는 '아무것도 아닌 것으로도 무언가를 만드는' 흑인 문화의 대표적인 성격으로 자리 잡았다. 그런데 여기에는 묘한 함정이 있다. 백인 가정에서 요리를 담당했던 흑인 여성들은 유럽과 서아프리카 식문화를 뒤섞으며 주로 미국 남부에서 요리를 확장시켜 왔지만, 백인 중심의 역사는 그들이 '머리를 쓰고 기술을 익혔다'는 사실을 종종 간과한다. 어느새 '흑인'의 역사는 점차 탈색된 채, 주로 백인의 입을 통해 '남부 음식'이 미국의 미식을 담당하고 있다.

흑인들은 미국 음식을 풍성하게 만드는 손이 되었으나, 그들이 먹는 음식은 오늘날 정치 문제 중 하나다. 흑인 노예가 지은 백악관에 정작 흑인은 들어가기 어려웠듯이. 요리를 할 경제적 여건이 안 되고 교육을 제대로 받지 못하는 계층이 많다 보니 흑인들에게는 점점 요리법이 전수되지 않고, 전수되지 않으니 요리책을 쓰는 사람이 적고, 요리책을 읽을 사람도 적고, 그렇게 점점 더 전수되지 않는 악순환이 이어졌다. 흑인의 음식 역사가 남아 있지 않은 것에 안타까움을 느끼던 요리 저널리스트 토니 팁턴마틴Toni Tipton-Martin이 지난 200년간 미국에서 흑인들이 쓴 '요리책에 대한 책'인《제미마 코드: 미국 흑인 요리

캐서린 라운드트리, 〈소울푸드 만찬Soul Food Feast〉. 중산층 흑인 가정에서 '식탁에 둘러앉기'는 그 의미가 더욱 각별했다.

책의 200년 역사The Jemima Code: Two Centuries of African American Cookbooks》를 썼다. 그에 따르면 흑인 음식이 변했다기보다는 흑인 음식에 대한 사회의 시선이 변했다고 한다.

TV에서는 백인 남성이 남부에서 음식을 맛보고 평하며, 서점의 요리책 코너에는 백인 여성이 남부 요리로 이름을 날리고 있다. 잘사는 나라의 백인이 만들고 먹을 때 가장 '문명의 음식'이 되지 않는가. 마치 살코기가 가득한 다리와 가슴살을 먹고 뼈가 많은 부위를 버리듯, '맛있는' 역사는 '남부 음식'이라는 이름으로 백인의 역사에 흡수시키고, 흑인 음식의 역사는 오늘날 도시 속 패스트푸드점에서 나오는 것과 같은 기름지고 살찌는 음식으로 축소시킨 셈이다. 식문화에서 중요한 역할을 담당했던 흑인 여성의 목소리가 사라지고 있다는 흑인 페미니스트의 주장을 접하기 전까지, 나도 별 생각이 없었다.

과거에 흑인은 읽고 쓰기를 배우는 것이 금지되었기에 그들의 조리법은 주로 입에서 입으로 전해져왔다. 조리법이 '문명의 언어'로 정착하는 비중이 상대적으로 적다 보니 흑인의 음식은 자연스럽게 그 성격이 막연해졌다. 그렇다면 미국에서 흑인이 처음으로 요리책을 쓴 건 언제일까. 1827년 백인 가정의 집사였던 로버트 로버츠Robert Roberts가 쓴《집사 지도서The House Servant's Directory: A Monitor for Private Families》다. 이 책은 미국에서 흑인이 쓴 최초의 출판물이기도 하다. 테이블 세팅과 위생 관리를 비롯해 조리법도 포함되어 있다. 그러나 본격적인 '요리책'이라고 할 수 있는 출판물은 조금 뒤에 나왔다.

2001년에 미시간 대학의 식문화사 연구자 잰 롱원Jan Longone은 아주 오랫동안 잊혔던 한 요리책을 발견했다. 남북전쟁이 끝난 다음 해인 1866년 미시간에서 출판된 맬린다 러셀Malinda Russel의《가정식 요리책Domestic Cook Book: Containing a Careful Selection of Useful Receipts for the Kitchen》이다. 세탁부로 이집 저집에서 일하다 간신히 자유민이 될 수 있었던 러셀은 테네시주에서 제과점을 운영하며 홀로 아이들을 기르고 생계를 챙겼다. 남북전쟁이 터지면서 러셀은 노예제를 철폐하려 한 북군을 돕기 위해 미시간으로 간다. 전쟁이 끝나자 그는 바로 미시간에서 요리책을 출간했다. 자신이 운영하던 가게에 오는 손님들에게 조리법을 팔아 생계를 꾸리기 위해 책을 썼다. 다양한 디저트가 포함된 256개의 조리법이 있는 것으로 보아, 실제 남부 흑인들이 만들고 먹던 음식은 오늘날 전해지는 '소울푸드'보다 훨씬 복잡하고 풍성했음을 알 수

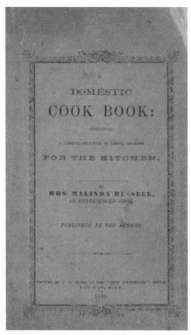

멀린다 러셀의 요리책. 미국 흑인 여성이 남긴 최초의 요리책으로 1866년에 출간되었다.

있다. 케이크, 쿠키, 푸딩 등 디저트와 유럽의 영향을 받은 다양한 요리가 있다. 이 책이 미국 흑인 여성이 남긴 최초의 요리책이다.

러셀의 책이 발견되기 전에는 애비 피셔Abby Fisher의 책이 최초의 흑인 여성 요리책으로 여겨졌다. 1881년 출간한《피셔 씨가 남부 요리에 대해 알고 있는 것What Mrs. Fisher Knows About Old Southern Cooking》에도 무려 160개의 조리법이 나온다. 수프, 고기 요리를 비롯한 각종 저장 음식, 빵, 케이크, 파이, 푸딩 등이 다양하게 기록되어 있다.

존 홀리필드, 〈축복Blessing Ⅲ〉(1999). 현재 대표적인 아프리카계 미국인 화가인 존 홀리필드의 그림에는 가족과 함께 둘러앉아 식사하거나 음식을 만드는 장면이 많다. 홀리필드뿐 아니라 미국의 흑인 화가들은 유독 가족과 함께 식사하는 모습을 경건하게 표현하는 경우가 있다. 과거에 노예들은 부부도 자식도 주인 마음대로 팔리다 보니 '가족'과 '식사'의 의미가 중요했기 때문이다.

애비 피셔는 1832년 사우스캐롤라이나의 농장에서 태어나 노예로 자랐다. 남북전쟁이 끝나면서 자유의 신분이 된 피셔는 1877년 가족과 함께 샌프란시스코로 이주했다. 그 후 요리대회에서 여러 차례 수상하고 요리 실력으로 명성을 얻어 '미세스 애비 피셔 앤드 컴퍼니Mrs. Abby Fisher & Company'라는 회사를 설립했다. 애비 피셔는 당시에 글을 알았을까. 노예 출신인 그는 역시 글을 쓸 수 없었다. 그는 요리법을 '불러줬다'. 샌프란시스코에는 글을 쓰지 못하는 여성들의 출판을 후

원하는 기관 '여성출판협동조합Women's Cooperative Printing Office'이 있었기 때문에 피셔는 기관의 도움을 받아 자신의 조리법을 남길 수 있었다.

그러나 19세기에 펴낸 흑인들의 요리책은 오랫동안 역사에서 사라졌다. 애비 피셔의 요리책은 1984년 재발견되어 하버드 대학 도서관에 소장되었고, 1985년에 재출간되었다. 학자들도 요리책이 소수 여성들의 목소리를 담은 유일한 자료임을 인식하면서, 또 민권운동이 시작되면서 흑인들의 요리책 출판도 활발해졌다. 흑인 여성들에게 '요리책 쓰기'는 중요한 의미가 있었다. 제도적으로 교육받지 못한 여성들에게는 요리책이 자신의 이름과 활동을 남길 수 있는 유일한 기록물이자 창작물이었다.

어느 날 입소문을 듣고 그냥 점심을 먹으러 들른 미니애폴리스의 한 식당. 버락 오바마Barack Obama와 무하마드 알리Muhammad Ali의 사진이 곳곳에 걸려 있는 등 지역 정치인들이 방문한 흔적이 가득했다. 흑인 사회에서 만남의 장소 역할을 하는 곳이라 손님들끼리 대부분 아는 사이였다. 척 봐도 새로운 사람으로 보이는 내게 식당 주인은 뭔가 자꾸 말하고 싶어 했다. 벽에 걸린 여러 사진을 내가 유심히 봤더니 한 미식축구 선수의 사진을 가리키며 자기 아들이라고 했다. 코넬 대학에 합격했다는 사실을 재차 강조했으며, 한 청소년 매체에 아들이 직접 쓴 글을 인쇄해서 걸어놓고 있었다. 글에서 아들은 자신이 받았던 교육 기회를 소수 민족 사회에 돌려주기 위해 일하겠다는 포부를 밝히고 있었다. 주인 부부는 아주 조금만 반응을 보여도 이야기를 술술 풀어놓으며 각자의 조상까지 거슬러 올라가더니, 느닷없이 "트럼프는 자기랑 다르게 생기고 백만장자가 아니면 다 싫어해!"라며 흥분하는 목소리도 빼놓지 않았다.

주문하지도 않았는데 남부 디저트를 맛보라며 주인이 파이를 조금 담아주었다. 심지어 나올 때 싸주기까지 했다. 바로 애비 피셔가 기록한 피치 코블러다. 전에는 그저 별 생각 없이 먹던 복숭아 파이였다. 버터 맛이 감도는 피치 코블러는 아마 나를 다시 오게 만드는 강한 유혹의 기술인지도.

분리된 입

미국 남부 중에서도 남부인 '디프사우스Deep South'에 해당하는 미시시피주의 잭슨을 배경으로 한 영화 〈더 헬프〉. 흑인은 집 안의 화장실을 이용할 수 없으며, 집 밖에 따로 마련된 화장실을 이용해야 한다. 기물이 파손될 정도로 폭풍우가 몰아치던 어느 날, 도무지 밖으로 나가기가 어렵자 참다 참다 못 견딘 가정부 미니(옥타비아 스펜서)는 결국 실내에 있는 화장실을 사용했다. 화장실에서 나오자마자 그는 주인의 비명 소리에 이어 해고 통보를 받았다.

세그리게이션segregation, 즉 합법적인 인종분리정책(짐 크로 법)[48]이 시행되던 시대에는 심지어 식수대도 '백인용white'과 '유색인용colored'으로 분리되어 물도 따로 마셔야 했다. 영화 〈히든 피겨스〉에도 비슷한 장면이 나온다. 화장실은 물론이요, 커피가 담긴 주전자도 결코 공유하지 않는다. 흑인은 아무리 많은 돈을 내도 백인과 같은 식당을 이용할 수 없었다. 너는 나와 같은 인간이 아님을 꾸준히 가르치는 사회적 장치다. 인종주의라는 이데올로기는 오랜 세월 쌓이면서 하나의

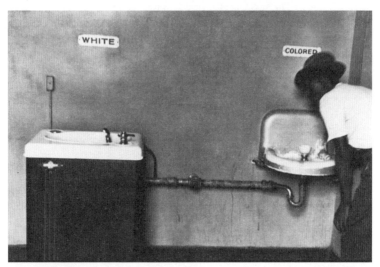

엘리엇 어윗, 〈미국, 노스캐롤라이나USA, North Carolina〉(1950). 미국에서 합법적인 인종분리정책이 시행되던 시대에는 식수대도 '백인용'과 '유색인용'으로 분리되어 물도 따로 마셔야 했다.

'문화'가 되었다. 재산으로서 가축을 아끼지만 같은 공간에서 잠을 자지 않고 같은 밥상에 앉아 밥을 먹지 않는 것을 당연히 여기듯이, 인종분리정책이라는 제도와 문화 속에서 흑인은 '인간'이 아니라 노동력을 제공하는 가축이다. 이는 어디까지나 종이 다른 생명의 분리였을 뿐 결코 차별로 생각되지 않았다. 그래서 "분리되어 있지만 평등하다 separate but equal"는 개념이 가능했다. 두 영화 모두 1960년대 초를 배경으로 한다. 1964년 린든 존슨Lyndon Johnson 정권에서 민권법을 제정하면서 인종분리정책인 '짐 크로 법'은 폐지되었다. 노예제 폐지를 이끈 남북전쟁이 끝난 지(1865년) 거의 100년이 지나서야 공식적으로 분리정책은 사라졌다.

1960년 2월 10일 노스캐롤라이나 더럼의 간이식당 연좌 농성. 흑인 출입이 금지된 식당에서 흑인들이 자리를 차지하고 농성 중이다.

2017년 미국 버지니아주 샬러츠빌Charlottesville에서 발생한 백인우월주의자 시위는 집회의 자유를 빌미로 일어난 테러다. 오늘날의 전쟁은 국지적이며 산발적으로 벌어진다. 또한 국가와 국가 사이에서 벌어지는 형태보다는 내전과 다름없는 테러 형태가 빈번해지고 있다. 버지니아 '테러'는 자국의 백인들이 저질렀다. 비무장 시민들이 일상에서 테러를 접하며 전쟁이 아닌 듯 전쟁 속에 사는 셈이다. "백인의 생명이 중요하다White lives matter"라는 팻말을 들고 시위에 나선 이들을 보면, 흑인 노예가 목화밭에서 일하던 시절로의 회귀를 그리워한다는 생각밖에 안 든다. 마치 소설《바람과 함께 사라지다Gone with the Wind》에서 '바람과 함께 사라진' 문명을 그리워하듯이. 그 '문명civilization'은 숙녀와 신사, 그리고 노예가 있던 남부의 문명을 말한다.

앨라배마주 몽고메리에서 과거 남부연합의 첫 번째 백악관이었던 집을 방문한 적 있다. 나는 실내에 장식되어 있는 목화에 시선을 올려놓았다. 나뭇가지에 맺힌 눈송이 같은 목화가 꽃병에 꽂혀 있다. 디프사우스는 '코튼사우스cotton south'라고 불릴 정도로, 남북전쟁 이전 경제의 대부분을 목화에 의존했다. 이 목화밭에서 일했던 흑인 노동력은 가축처럼 값이 쌌는데, 당시 남부 백인들에게 이러한 노동력이 자신과 똑같은 사람으로 바뀌는 순간은 결코 아름답지 않았을 것이다.

인종 문제와 미국의 KKK(백인우월주의 단체 쿠 클랙스 클랜ku klax klan)에 대해 쉽게 이해할 수 있는《하얀 폭력 검은 저항They Called Themselves the K.K.K.》은 청소년을 위한 책이지만 어른들도 읽기를 권한다. 신사와 숙녀만 사람이던 시대를 그리워하는 그 '하얀 폭력'은, 노예제 폐지 이후에 정도의 차이가 있었을 뿐 완전히 사라진 적은 없다. 여기서 한 가지 눈여겨볼 점은 백인 여성들이 보이지 않게 참여하는 방식이다.

18세 이상의 백인 남성만이 쿠 클랙스 클랜의 단원이 될 수 있었다. 하지만 한 소굴에서 다른 소굴로 메시지를 전달하거나 법망을 피해 클랜 단원을 숨겨주고 가짜 알라바이를 만들어주며 '밤의 기마단'을 위해 식사를 준비하면서 활동을 지원했던 여성들도 큰 몫을 담당했다. 게다가 흰색, 붉은색, 검은색의 호사스러운 통옷에서부터 조악한 복면에 이르기까지 단원들이 갖추어야 할 의복을 바느질해서 만들어내는 일 역시 여성들의 몫이었다. 특히 모자나 두건에는 달이나 별,

뿔 등을 정교하게 장식하기도 했다.[49]

은신처 제공, 식사 마련, 의복 짓기, 곧 백인 여성들은 쿠 클랙스 클랜에게 의/식/주를 제공하는 방식으로 활동에 참여했다. 성 역할을 통해 백인 남성을 보조하면서 한편으로는 그 성 역할을 통해 흑인에게 폭력을 행사하는 일에 동참한 셈이다. 권력과 차별을 둘러싼 역사에서 여성이 처한 복잡한 위치다. 백인 여성이 이렇듯 이중적 위치에 있다면, 흑인 여성은 이중의 억압을 받는 위치에 있다. 이는 킴벌리 크렌쇼Kimberlé Crenshaw의 설명대로 "교차로에서 일어난 교통사고"에 비유할 수 있다. 교차성 페미니즘intersectional feminism이 사유의 중요한 축이 되어야 하는 이유다. 킴벌리 크렌쇼는 1989년에 '교차성intersectionality'이라는 용어를 처음으로 사용했다. 그는 자신의 논문에서 흑인 여성이 백인 여성 중심의 페미니즘과 인종주의 이론에서 모두 배제되어왔음을 논증했다.

인종분리정책이 공식적으로 사라진 지 이제 50여 년이 지났다. 2016년 미국 대선 당시 트럼프 캠프의 구호였던 "미국을 다시 위대하게Make America Great Again"에서 눈여겨볼 단어는 '다시'다. 어느 시절을 기준으로 '다시'일까. 목화밭에서 채찍을 맞으며 굶주림 속에서 일해야 마땅한 '블랙'이 대통령이 되어 '화이트' 하우스에 살 수 있는 시대를 통탄하는 것일까. 트럼프의 당선과 함께 미국 사회에 '다시' 나타나고 있는 집단은 바로 백인우월주의 단체다.

일부 '좌파 지식인'이라는 사람들이 2016년 대선에서 "클린턴이 되느니 차라리 트럼프가 낫다"는 식의 주장을 펼쳤다. 슬라보이 지제

크Slavoj Žižek가 대표적이다. 클린턴이 되면 이 체제의 지속이지만 트럼프가 되면 어떻게든 세상이 재편된다, 트럼프가 당선되면 민주당과 공화당이 기본으로 돌아가 변화가 일어난다 등의 주장을 폈다. 관성을 경계하는 것은 좋지만, 새로움을 지나치게 절대 가치화하면 이런 함정에 빠진다. 전쟁으로 세상 한번 뒤집어보자며 계엄령이나 군대 타령을 하는 극우와 한 점에서 만날 소리다. 세상이 폭삭 망한 다음 다시 새로운 체제를 건설할 수 있으리라는 누군가의 '희망'은, 또 다른 누군가의 삶이 그 과정에서 처참하게 으깨어진다는 사실에 무심하다. '내가 당할 일은 아니'라고 생각하기 때문에 그렇게 무책임한 태도를 취할 수 있다. 그 엄청난 무책임함을 자본주의에 대한 저항인 양 위장하는 비열한 전술이 '지식인'의 언어로 사회에 뿜어나오는 일은 없어야 한다.

트럼프는 백인 남성에게는 말할 것도 없고, 수많은 지저분한 성추행과 성희롱에도 불구하고 적지 않은(53퍼센트) 백인 여성의 지지를 받았다. (지역과 연령에 따라 홍준표의 '돼지발정제'를 별로 신경 쓰지 않는 여성들도 많았다는 점을 생각해보자.) 반면 흑인 여성의 94퍼센트가 클린턴에게 투표했다. 보통 흑인 여성의 투표율이 가장 높으며, 민주당 지지율이 가장 높은 집단도 흑인 여성이다. 흑인 여성을 비롯해 비백인 여성은 막돼먹은 백인 남성의 언어에 가장 실질적 공포를 느끼는 젠더와 인종이다. 76퍼센트의 흑인 여성이 트럼프 당선에 '두려움'을 느낀다고 답했다. 사회의 기본적인 어떤 선이 무너지고 밑바닥의 흉함을 감출 줄 모르는 사회, 트럼프의 등장은 한 사회의 진보냐 보수냐의 차원을 훌쩍 뛰어넘는 문제다. 트럼프의 대통령 '되기'는 혐오와 증오를 자유롭게 대방출했다.

참, 〈더 헬프〉에서 해고되었던 가정부 미니는 며칠 후 사과를 하겠다며 초콜릿 파이를 하나 들고 고용인의 집에 찾아간다. 그가 만든 파이에 입맛이 길들여졌던 주인은 맛의 유혹 때문에 문을 열어준다. 초콜릿 파이를 입에 넣고 황홀한 표정을 짓는 주인에게 미니가 하는 말. 내 똥이나 먹어랏! 나를 부당하게 대우하던 주인의 입속에 나의 배설물을 '맛있게' 먹이기. 입과 항문, 황홀한 맛과 구토가 올라오는 역겨움을 뒤섞어버린 파이다. 분리정책에 대한 화끈한 복수가 아닌가.

6장

사랑하는
입

슬픔을 위로하는 밥, 살, 말

가끔은 내가 너무 단순한 인간인가 의구심이 들 때가 있다. 화가 났다가도 따뜻한 포옹과 맛있는 식사로 기분이 쉽게 풀어져서 세상 만물에 대해 이해심이 높아지고, 부처도 넘볼 정도로 자비로운 인간이 되어 넉넉한 표정을 짓고 있기 때문이다. 포옹, 식사, 대화 이 모두를 한 사람과 만족스럽게 나눌 수 있기란 생각보다 어렵다. 그중 하나라도 즐겁게 나눈다면 고맙기 마련이다.

영화 〈문라이트〉를 보고 꽤 오랫동안 잔상이 가시지 않았다. 슬픔이 계속 차올라서 조금이라도 터뜨려 흘려보내야 할 것 같다. 샤이론과 케빈이 오랜만에 재회한 그 식당 신 때문이다. 이 장면은 한 요리 잡지에서 '최고의 베스트 푸드 신'으로 꼽힐 만큼 많은 사람들에게 강한 인상을 남겼다. 평범한 식당에서 요리사인 한 남자가 다른 남자에게 밥을 해주고 한 사람은 먹을 뿐인데.

이 영화는 샤이론이 인간들과 관계 맺으며 '나'를 알아가는 과정을 다룬다. 사회적으로는 '블랙'이라는 인간, 가정에서는 마약을 하는 엄마의 아들로, 학교에서는 게이라고 놀림받으며 왕따로 살아가던 소년이 제 안에 이 모든 슬픔을 저장한 채 건강한 몸을 과시하는 어른이 되었다. '사고'를 치고 학교를 떠난 이후 만나지 못했던 어릴 적 친구 케빈과의 재회는 그가 잊으려 했던 그 모든 슬픔을 다시 복기하는 자리다.

샤이론이 사는 애틀랜타에서 케빈이 있는 마이애미까지는 1078 킬로미터 정도 거리다. (부산에서 평양까지 520킬로미터다.) 자동차로 쉬지 않고 달린다 해도 꼬박 10시간을 가야 한다. 아침에 출발한 샤이론이 마이애미에 도착했을 때는 검푸른 바다 위로 달이 두둥실 떠 있다. 그 먼 거리를 왔건만, 식당 주차장에 차를 세우고 식당으로 들어가기까지의 잠깐은 보는 내가 초 단위로 긴장되었다. 내내 참다가 화장실에 막 도착했을 때 오줌을 거르는 아이처럼.

샤이론이 케빈의 식당에 들어선 순간, 식당은 마치 다른 세계처럼 보인다. 문에 달린 종이 '딸랑'하고 소리를 내면 극이 시작하고, 다시 종소리가 들리면 극이 끝나는 듯하다. 식당에서 서로를 확인한 후, '그 손'으로 케빈은 샤이론을 위해 요리를 한다. 샤이론을 처음으로 '만져줬던' 그 손이며, 샤이론에게 주먹을 날렸던 그 손으로 정성스럽게 '셰프 스페셜'을 만들어낸다. 남자가 남자를 위해 요리하는 모습을 그토록 천천히 자세하게 보여주는 장면을 영화에서 본 기억이 없었다. 닭고기 위에 라임을 뿌리고, 닭고기를 올린 접시 위에 하얀 쌀밥을 단정하게 올리고, 검은 콩을 곁들인 뒤 칼로 푸른 고수를 썰어 밥 위에 흩뿌리는 장면을 천천히 보여준다. 시간이 느리게 간다. 세상에, 나는 두 손을 모은 채 울고 있었다. 누군가를 위해 요리하는 그 모습이 일으킨

영화 〈문라이트〉의 한 장면. 이 영화에서 음식은 돌봄과 위로, 사과의 매개다.

전율은 한 사람의 속을 어루만지는 힘이 있어서다.

　이 장면은 감독이 공들여 찍은 흔적이 역력하다. 이 영화에서 엄마가 밥을 주는 장면은 없다. 엄마는 약을 하고 샤이론에게 오히려 돈을 달라고 한다. 영화에서 음식을 성적 은유로 활용하는 방식은 흔하다. 〈박하사탕〉에서 영호는 차 안에서 (극 중 이름도 없는) '미스 리'와 정사를 나눈 후 고기를 먹으러 간다. 그때 '미스 리'는 고기를 집어주면서 "남의 살 좋아하잖아"라고 말하며 얄궂게 웃는다. 〈가장 따뜻한 색, 블루〉에서도 피크닉 중에 아델은 햄을 뜯어먹으며 엠마에게 "나는 모든 살을 먹어"라고 한다. 욕정의 대상인 살과 먹는 고기의 동일시다.

　〈문라이트〉에서 음식은 돌봄과 위로, 사과의 매개다. 케빈은 '그 모든 것'을 사과한다. 케빈이 차려준 밥을 먹으며 식탁에 떨어진 콩 하나까지 손으로 주워 먹는 샤이론의 모습에서 케빈의 마음을 알알이 느끼고 싶어 하는 심정이 보인다. 누군가를 위해 요리를 한다는 것은 뱃속과 마음속을 모두 어루만져주는 행위다. 그 어루만짐 덕분에 샤이론은 영화 마지막에 진짜 속마음을 터뜨린다.

샤이론을 돌봐준 테레사나 케빈이 샤이론에게 밥을 주는 장면은 있지만, 함께 먹지는 않는다. 대신 옆이나 앞에 앉아서 말을 건다. 밥을 먹이고 말을 거는 사람. 케빈은 어릴 때도 왕따 당하는 샤이론에게 다가와 말을 건 사람이다. 케빈은 "네가 그리 약한soft 사람이 아니라는 걸 (너를 괴롭히는) 그들에게 보여줘야지?"라고 했다. 살아남기 위해 필요한 이 '보여줌'과 사람의 내면 사이, 그 사이 벌어진 공간만큼 각자의 슬픔이 저장된다.

여기서 'soft'는 '약한'과 '부드러운'의 뜻을 모두 가진다. 약함과 부드러움은 흔히 비슷한 의미로 통한다. 그러나 물이 부드럽지만 때로는 결코 약하지 않듯이, 이 둘은 다른 의미다. 물이 사람을 살리지만 그 물로 사람을 죽일 수 있다는 사실도 우리는 잘 안다. (샤이론이 물만 마신다는 설정은 우연이 아니다.)

샤이론의 저장된 슬픔은 '흑인/남성'에 대한 사회적 관념과 자기 실체의 괴리 속에서 발생한다. 이 영화를 둘러싼 음악(관객이 듣는 음악)이 주로 바이올린과 피아노 소리지만, 영화 속 샤이론의 일상에는 힙합이 흐른다. 관객이 듣는 음악은 어쩌면 샤이론의 내부에서 울리는 음악일 것이다. 사람 안에는 보이는 모습과 다른 또 다른 사람이 있다. 그 안을 더듬고 만져준 인물이 테레사와 케빈이다. 이들은 밥을 해주고 자신들의 집으로 기꺼이 '웰컴'했다. 누군가 나를 위해 밥을 해주면 고맙지만 그렇게 해달라고 요구할 수는 없다. 만져달라고 함부로 요구할 수 없듯이. 사랑과 정성은 요구할 수 없다. 게다가 말도 안 섞이고, 밥도 안 넣어주는 사람이 살만 섞으려 한다면 이는 무단 침입이다. 강제 퇴거시켜야 한다.

일상에서 '나는 누구인가'라는 자문을 거듭하는 태도는 인간의 우울한 마음이 불러들이는 질문이다. 타인에 대한 가장 일상적인 무례와 침범은 그가 누구인지 알고 싶어 하기보다 그를 아는 척하는데 더 공을 들인다는 점이다. "너는 누구니"라는 케빈의 마지막 질문이 결정적 한 방을 터뜨릴 수밖에 없는 이유다. 상대에게 애정이 없으면 그런 질문을 하지 않는다. 그 대신 '너'를 정의한다. '너'에 대한 아는 척이란 더 이상 너에 대해 알 필요가 없다는 뜻이다. 영화나 드라마에서 숱하게 등장하는 진부한 대사, 네가 나를 알아? 하지만 이 진부한 대사가 실은 인간관계의 본질이다. "너 자신을 알라"처럼 인생의 화두다. 대부분이 나 자신을 모르고 너를 아는 척하는 소란함 속에 사느라 지쳐가기 때문이다. 공부에 왕도가 없듯이 사람을 아는 길에도 왕도가 없다. 나는 누구인가/너는 누구인가, 여기에서 시작한다.

수전 손택Susan Sontag의 말대로 "글쓰기는 포옹이며, 포옹을 받는 것이다. 모든 사유는 손을 뻗어 내미는 사유다." 글이든, 영화든, 음악이든, 나 아닌 다른 이에게 손을 내밀고 포옹하는 태도를 담고 있다. 종종 타인을 갉아먹는 글이 횡행한다. 격정을 삼킨 은은한 슬픔 속에서 너는 누구냐고 묻고, 나는 누구인지 알아가는 이 '포옹의 영화'가 사무치게 반가워 붙들고 있는 이유다.

영화를 보고 처음 떠올린 언어는 신경림의 〈갈대〉였다.

　바람도 달빛도 아닌 것,/ 갈대는 저를 흔드는 것이 제 조용한 울음
인 것을/ 까맣게 몰랐다./ 산다는 것은 속으로 이렇게/ 조용히 울고 있
는 것이란 것을/ 그는 몰랐다.

아마도 날마다 속으로 조용히 울고 있는 사람들로 세계는 흔들리
고 있을 것이다. 누구에게나 마음속에 흐르는 강이 있고, 엎어져 울고
싶은 벌판이 있다. 우리에게 필요한 것, 홀로 흐느끼는 이들을 품어주
는 따뜻한 밥, 살, 말.

무슬림과 만두를 빚다

라이너 베르너 파스빈더Rainer Werner Fassbinder의 영화 〈불안은 영혼을 잠식한다〉는 독일 노동계층의 중년 여성 에미가 젊은 모로코 남성 알리와 사랑하는 이야기다. 남편과 사별하고 자식들은 모두 분가했으며 청소노동으로 홀로 살아가는 나이 든 여자와, 젊은 몸 외에는 아무것도 가진 게 없는 아랍계 이민 남자의 우연한 만남은 서로의 내면에 웅크리고 있던 소외와 쓸쓸함을 부둥켜안게 만든다. 1970년대 독일 사회에서 아랍 남자와 독일 여자의 조화를 곱게 볼 리가 만무하다. 이들은 이웃과 자식의 모멸적인 시선을 견디며 결혼을 강행하고, 사랑으로 관계를 지켜간다. 나이 차이도, 인종 차이도 문제가 되지 않았다.

아랍 카페에서 아랍 음악을 들으며 함께 춤을 추던 그들이지만, 식문화에서는 그만 장벽이 생겼다. 알리는 고향 생각이 나면 에미에게 쿠스쿠스를 먹자고 하지만, 에미는 쿠스쿠스를 싫어해서 이를 거절한다. 좋아하는 음식에 대한 상대의 거부감은 내가 속한 문화적 배경을 배척하는 것처럼 여겨진다. 음식을 함께 나눌 수 없는 사이에 놓인 식탁의 거리는 점점 벌어진다. 알리는 자신에게 쿠스쿠스를 만들어주던 카페의 젊은 주인을 찾아가 쿠스쿠스를 청한다. 나아가 그에게 쿠스쿠스를 함께 먹을 수 있는 관계는 곧 함께 침대로 뛰어들 수도 있는 관계였다. (왜 직접 쿠스쿠스를 만들지는 않을까.) 쿠스쿠스를 거부하는 여자와 쿠스쿠스를 만들어줄 수 있는 여자로 나뉘는 이 구도가 편치는 않지만, 영화는 외로운 인간들의 군상을 품격 있게 잘 담아냈다. 내가 직접 무슬림과 마주 앉아 식사를 하기 전과 후, 이 영화는 내게 다르게 다가왔다.

할랄 음식이 뭔지 라마단이 뭔지도 모르던 시절, 지금보다 훨씬 무지했던 시절에 중국 친구가 식사 초대를 했고 음식은 함께 만들기로 했다. 메뉴를 물으니 밀가루로 만든 피 안에 돼지고기와 약간의 채소를 다져서 넣은 다음 잘 싸서 익혀 먹는 음식이라고 했다. 듣고 보니 만두다. 함께 모여서 빚어 먹기에 좋은 음식이다.

친구가 초대한 사람 중에는 레바논 친구도 있었다. 우리는 둘러앉아서 열심히 만두를 빚었다. 먼저 중국 친구가 만두를 빚어 시범을 보였다. 한국에서 흔히 먹던 만두보다는 좀 작은 크기로 중국 식당에서 파는 물만두와 비슷해 보이는 모양이었다. 속을 만들고, 밀가루를 반죽해 피를 만들고, 만두를 빚기까지 시간이 한참 걸렸다. 빚은 만두 중 반은 찌고 반은 프라이팬 위에 기름을 둘러 살짝 튀긴 후 식탁에 내놓고 보니 적어도 네 시간은 걸린 듯했다.

작은 만두가 커다란 접시를 가득 채우며 식탁에 놓일 때 모두 젓가락을 들이대며 환호했다. 일단 만두를 빚느라 소모한 시간을 생각하면 배가 고파서 뭘 먹어도 황홀한 순간이었다. 그때 딱 한 사람은 가만히 있었다. 레바논 친구는 조용히 감자칩만 집어 먹었다. 왜 만두는 먹지 않느냐고 물었더니 돼지고기가 들어가서 자기는 먹을 수 없다고 했다. 그가 무슬림이라는 사실을 그제야 인식했다. "왜 말하지 않았어? 진작 말하지." 그때 우리 중 누군가(어쩌면 내가) 이렇게 물었던 기억도 난다. 정확히 나인지 다른 사람인지조차 기억이 명확하지 않을 정도로 아주 자연스럽게 툭, '우리'는 그렇게 물었다. 왜 말하지 않았어? 그는 그저 어깨를 들썩이며 고개를 한쪽으로 갸웃거리면서 "그냥"이라고 말할 뿐이었다. 왜 말하지 않았어, 이 반응이 얼마나 상대에 대한 무관심을 아무렇지 않게 표현하는 태도였는지 그때는 몰랐다.

그날 그 맛있는 만두의 맛은 약간 민망한 기억과 붙어 다닌다. 레바논 친구와 만두를 빚어 '우리만' 먹던 그날의 당혹스러움은 내게 '함께 먹기'에 대한 다른 태도를 생각하게 만들었다. 누군가와 식사를 할 때 혹시 그가 종교나 정치적인 이유로 먹지 않는 음식이 있을 수 있음을 고려하게 된 결정적인 계기였다. 그전까지 한 번도 무슬림과 마주앉아 함께 음식을 만들어 먹어본 적이 없었기 때문에 정말 '아무 생각이 없었다'. 내가 별로 생각하지 않아도 사는 데 지장이 없는 문제였기 때문이다.

어떤 세계에 대한 거부감과 혐오는 때로 사소한 낯설음에서 출발한다. "없던 혐오가 생기려 한다"는 말은 틀린 말이다. 변태하기를 거부하고 무지에 양분을 주어 혐오를 발아시켰을 뿐, 없던 혐오가 새롭게 생긴 것이 아니다. 안다는 것은 때로 불편하다. 나는 모를 것이다, 몰라도 된다, 이렇게 스스로를 설득시키며 차라리 몰라도 되는 권력을 지향하는 것이 오히려 편하다. 자신의 세계에 그 낯선 세계가 스며

아짐 아짐자드, 〈부자들의 라마단Ramadan of the Rich People〉(1932). 이슬람 달력으로 아홉 번째 달에 금식을 한다. 낮 동안에는 아무것도 먹을 수 없으며 해가 지면 식사를 한다.

드는 것을 두려워하고 거부하기 때문에 조롱해 멸시하거나 척결의 대상으로 삼는다. 이때 음식은 가장 대표적인 조롱 대상이다. 전라도 사람을 '홍어'라 비하하듯이. 혹은 혐오하는 대상이 먹지 않는 음식을 공격의 수단으로 사용한다. 실제로 독일에서 돼지고기가 무슬림을 공격하는 도구로 활용된 적이 있다. "장난감 돼지를 들고 다니며 시위를 하는 것은 그나마 귀여운 수준이다. 독일 내에 이슬람 사원인 모스크가 있거나 모스크를 지을 예정인 많은 장소에는 최근 몇 달간 잘린 돼지

아짐 아짐자드, 〈빈자들의 라마단Ramadan of the Poor People〉(1938). 금식 기간에도 부자와 빈자의 식단 차이는 선명해 보인다.

고기들이 쌓였다."[50]

　　손홍규의 소설《이슬람 정육점》이 생각났다. "상처받은 사람을 놀리는 건 인간만이 가진 능력이다." 그렇다. 잔인한 능력이다. 대부분 입이, 혀가 그 능력을 발휘하는 잔인한 도구가 된다. 소설에는 고아인 화자 '나'를 입양한 터키 출신 무슬림이 등장한다. 그는 한국전쟁에 참전했다가 한국에서 정육점을 하며 산다. 돼지고기를 썰지만 그는 매일 기도를 하는 신자다. 무슬림을 신뢰하지 않던 동네 사람은 어느 날 배가 아프다면서 무슬림이 만진 돼지가 콜레라에 걸렸을 거라며 정육점에 와서 따진다. 마을 사람들은 하나둘씩 너도나도 몸이 이상하다고 달려온다. 그에게 생고기를 뜯어서 먹어보라고까지 한다. 그는 아무 대응도 하지 않았고, 그저 가게 문을 닫았다. 동네 사람들은 아무도 아프지 않았으며, 아무렇지 않게 일상으로 돌아갔다. 낯선 인물에 대한 두려움 섞인 거부감이 제 몸을 아프다고 착각하게 만든다.

소음보다 잔인한 인간의 매끈한 말이 세상을 짓밟기 쉽다. 나도 내 입을 온전히 신뢰할 수 없기에 늘 말이 두렵다. 그 입으로 아는 척을 하느니 내가 모르던 음식을 먹는 게 차라리 낫다. 그렇게 매번 입으로 "세계를 입양"해 나의 피와 살을 구성하는 게 낫다. 내가 먹어보고 만들 줄 아는 음식이 늘어날수록 나의 무지의 영역이 줄어든다. 오래전 히잡을 두른 모리타니 여성이 만들어준 소고기 들어간 스튜(?)를 처음 먹으며 마주 앉았을 때, 천장에 화려한 도자기가 잔뜩 걸린 튀니지 식당에서 처음 쿠스쿠스를 먹었을 때, 처음 아프가니스탄 식당에서 벽에 걸린 기하학적인 그림을 보며 양고기 꼬치를 먹을 때, 내 안에서 단세포 세계는 다세포로 분열했다.

한국에서 왔다고 하면 북한 미사일 얘기부터 꺼내는 사람은 조금 피곤하다. 김정은과 카다피를 비교하며 북핵 문제에 대해 아는 척을 하는 미국인을 보고 그런 생각을 했다. 어쩌면 내가 아는 이슬람에 대한 정보도 딱 저 정도이겠구나. 눈을 마주보며 함께 앉아 인격적 소통을 해본 적 없이 피상적인 미디어의 정보만으로 어떤 세계를 접하면 가장 극단적인 이미지만 수용할 위험에서 자유롭지 못하다. 북한과 이슬람 세계는 대부분 서구의 필터를 통해 걸러 나온다. 무슬림 중에는 음악과 축구도 금지시키는 극단주의자들이 있는가 하면, 목숨 걸고 이들에 맞서 축구를 하고 음악을 연주하는 이들도 있다. 기존의 필터는 후자를 잘 보여주지 않는다.

함께 만두를 빚었던 레바논 친구는 그 후 파리 근교 어딘가에서 사촌과 함께 레바논 음식점을 차렸다는 소식을 전해 들었다. 지금 다시 그 친구를 만난다면, 쿠스쿠스에 토마토와 파프리카, 자색 양파를 섞고 민트와 레몬즙을 적당히 넣어 향긋한 타불레를 만들어줄 수 있는데.

웨딩케이크에 대한 신념

미국에서 한 동성 커플이 결혼식을 앞두고 빵집에 웨딩케이크를 주문하려 했으나 거절당한 사례가 있다. 제빵사는 자신의 종교적 신념에 따라 동성애자의 결혼식을 위한 웨딩케이크를 구워줄 수 없다고 주장했다. 해당 커플은 이 문제를 법원으로 가져갔다. 종교적 신념과 인권 사이에서 법적 투쟁이 이어졌다. 나아가 빵 만드는 일을 창작의 영역으로 볼 때 어디까지를 이 예술가의 표현의 자유로 봐야 하는지 논의가 시작되었다. 동성 결혼을 반대하는 방식은 종교적 신념, 표현의 자유, 자신의 사업을 침해받지 않을 권리 등의 명목으로 나타난다.

콜로라도주와 캘리포니아주 등 미국 각지에서 관련된 사건이 벌어졌다. 미국 국가인권위원회에서 이 사건을 문제 삼았고, 성 소수자 운동 단체도 차별이라며 문제를 제기했다. 콜로라도주의 경우 웨딩케이크를 거부한 제빵사에게 유죄판결을 내렸다. 그러나 2019년 미 연방대법원은 '콜로라도 시민권 위원회Colorado Civil Rights Commission'가 제과점 주인의 종교적 권리를 침해했다고 밝히며 파기 환송했다. 성 소수자의 권리를 강조하면서도 제빵사가 종교적 이유로 거부할 권리를 인정한 셈이다. 캘리포니아주 법원도 결국 종교적 신념을 기반으로 제빵사가 동성 커플의 웨딩케이크 굽기를 거부하는 것은 표현의 자유로 보호된다는 판결을 내렸다. '법적으로'는 이런 판결이 가능할 수 있다. 법은 최소한의 도덕이기에. 이처럼 동성 커플의 결혼식에 사용할 케이크를 둘러싼 '표현'은 하나의 정치적 의제가 되었다.

미국은 2015년에 이미 모든 주에서 동성 결혼이 합법화되었다. 법적으로 동성 결혼이 보장되는 사회에서도 이런 일이 벌어진다. 1989년 덴마크가 세계 최초로 동성 간의 '동반자법' 제도를 만들었다. 파트너십이 인정되자 그 후 네덜란드, 프랑스 등 여러 유럽 국가를 비롯해 미국, 캐나다 등에서 점차 동성 결혼이 법적으로 인정되었다. 2019년에 대만은 아시아 최초로 동성 결혼을 합법화했다. 그럼에도 여전히 종교적 신념을 언급하는 차별이 횡행한다. 유엔 세계인권선언 제1조에 "모든 사람은 태어날 때부터 자유롭고, 존엄성과 권리에 있어 평등하다"고 명시되어 있다. 이러한 보편적 인권에 대한 침해가 '다수의 기분과 통념'에 의해 종종 일어난다.

법원의 판결을 지켜보며, 또 여러 입장에서 말하는 사람들의 이야기를 들으며, 이 사건에서 제빵사의 '거부'를 유죄로 볼 것인가 아닌가에 대한 내 의견은 잠시 보류한다. 나는 이를 비판하는 입장인데, 법적으로도 유죄가 될 수 있는지는 조금 더 들어볼 생각이 있어서다. 다만 신념을 기반으로 한 거절의 범위에 대해 생각하지 않을 수 없다. 신념, 표현, 자유, 뭔가 그럴듯한 개념으로 둘러싸인 이 차별적 문화 속에서 형성된 법의 틀은 실상 많은 한계를 드러낸다.

툴르즈 로트렉, 〈침대에서: 입맞춤In Bed, The Kiss〉(1892). 로트렉은 여성들 사이의 동성애를 담은 작품을 여러 개 남겼다.

　제빵사 입장에서 웨딩케이크는 다른 빵보다 훨씬 많은 시간과 실력을 필요로 한다. 동성 커플의 웨딩케이크를 거부할 권리를 옹호하는 입장은, 그렇기에 창작자의 선택과 표현의 자유에 비중을 둔다. 또한 불특정 다수에게 판매하는 빵이 아니라 특정 대상에게 주문받는 상품인 웨딩케이크를 동성 커플을 위해 만들어 파는 것은 곧 동성 결혼을 지지하는 메시지로 해석될 수 있기 때문에 거부할 권리도 있다고 주장한다. 다시 말해 '표현을 강요당하지 않을 권리'라는 명목 아래 차별적 문화에 암묵적으로 동의한다.

이처럼 종교적 신념을 이유로 빵집에서 상품을 거부하듯이 꽃집, 사진관, 미용실 등이 동성 커플의 예식을 위한 상품 판매나 서비스 제공을 거부하는 사례가 지속적으로 발생할 수 있다. 이를 과연 차별이 아니라고 말할 수 있을까. 차별은 대체로 차이를 기반 삼아 발생한다. 그렇기에 성차별 사회는 성별 간, 성애 간의 차이를 필요로 한다. 이 차이는 정상성과 비정상성을 구성하며, 정상의 범주에 있는 사람들은 비정상으로 규정된 방식을 거부하거나 배척할 권리를 획득한다. 반면 비정상으로 규정된 사람들은 아주 기본적인 권리를 행사하거나 표현할 때도 정상에 해당하는 사람들의 감정과 입장을 고려해야만 한다.

한국은 결혼식 후 폐백을 하는 경우가 많다. 이를 두고 굳이 가부장제의 신념에 기반을 둔다고 하지는 않는다. 과거에는 이 폐백이 시'댁'에 인사드리는 밥상이었다. 하지만 오늘날은 나름 '평등'을 위해 신부 측 가족도 앉아 신부와 신랑에게 절을 받는다. 마찬가지로 웨딩케이크의 의미도 시대를 거슬러 올라가고 올라가면 '남성에 의한 여성 지배'를 상징한다. 주로 신부 측에서 준비했던 하얀 웨딩케이크는 하얀 드레스와 짝을 맞춰 순결을 뜻했으며, 귀한 흰 설탕을 다량으로 사용할 수 있는 신부 아버지가 재산을 과시하는 수단이기도 했다. 오늘날은 더 이상 이런 의미로 웨딩케이크를 대하지 않으며, 신부 측에서 준비할 필요도 없다. 의미는 시대마다 변형되니 꼭 본래의 의미에 연연하지 않아도 된다.

그러나 폐백상은 여전히 신부 측이 준비한다. 얼마나 근사하게(비싸게) 준비했는지 남성의 가족들이 요리조리 살펴보고 친척들에게 음식을 나눠준다. 가부장제의 유산이라고 이를 거부하기는커녕 음식을 만들어주는 대행업체들이 있다. 가격별로 고르면 된다. 이게 바로 문화의 힘이다. 요즘은 점차 사라지고 있는 이바지 음식도 성차별의 잔재다. 여자는 결혼으로 맺어진 가족들에게 음식으로 인사를 드려야 제 도리를 다한 셈이 된다. 이를 두고 성차별로 인식하기보다 전통으로 보는 경향이 더 강하다. 차별의 잔재가 사라지는 모습을 때로 전통의 소멸로 받아들이는 쓸쓸한 시선은 얼마나 흔한가.

결혼은 물론이고 결혼식은 많은 부분 성차별을 문화적·산업적으로 다듬어 이 사회에 안착시켰다. 여전히 많은 결혼식장에서 신부는 제 아버지의 손을 잡고 입장해 신랑의 손을 잡는다. 이는 너무도 뻔히 드러나는 가부장제 순결 이데올로기의 행진이지만 자연스러운 관습으로 받아들여진다. 이를 성차별 문화라고 표현하면 오히려 '꼴페미'가 된다. 결혼식은 그 자체로 많은 차별을 포장하고 있다. 이러한 차별적 문화 속에서 성별에 따른 역할을 수행하는 것은 신념과 무관한 '인간의 도리'라고 여겨지기에, 이 차별적 문화를 받아들이지 않겠다고 하면 그때부터 문제가 생긴다.

이처럼 어떤 차별은 관습으로 뿌리내리고 산업이 되어 다양한 형태로 우리 일상에 스며든다. 나아가 어떤 차별은 종교적 신념이나 표현의 자유로 둔갑하기 쉽다. 성 소수자 차별은 이성애 가족주의를 유지하는 중요한 자원이다. 원희룡 제주도지사는 2018년 "가치관과 철학이 있는데 저는 동성애자에 대한 차별을 반대하지만 개인적으로는 동성애를 찬성하지 않는다"라고 발언했다. '애愛'를 어떻게 찬성하고 반대할까. 한국 정치인들은 동성 결혼은커녕 동성애의 개념에 대해서도 여전히 찬성과 반대의 입장에서 헤매고 있으니 갈 길이 멀다.

늙은 개의 씹는 소리

피곤한 몸으로 기차역의 벤치에 앉으며 "아이고 ……" 소리를 냈더니 동행인이 말하길, "나이가 들었단 소리지. 젊을 때는 그런 소리 잘 안 내거든" 하면서 깔깔 웃는 게 아닌가! 아무리 그래도 우리가 벌써 '나이가 들어서'라고 말하는 건 너무 빠르지 않아? 아직 기대수명의 반도 안 살았는데. 괜히 그의 말을 부정하고픈 생각이 불쑥 드는 걸 보면 '늙음'보다는 '젊음'의 시간에 아직 더 가까이 있다고 우기고 싶은가 보다. 어릴 때는 별 생각 없이 지나갔던 어른들의 사소한 행동이 내게 점점 더 가깝게 다가온다. 요즘은 내 나이 때 내 부모의 모습은 어땠을까 자주 생각한다. 동물도 예외가 아니다. 나이 드는 개를 보며 예전에 동네에서 마주치던 늙은 개들을 떠올린다.

반야는 2004년 9월 8일에 태어났다. '반야'는 내 부모와 살고 있는 몰티즈의 이름이다. 김성동의 소설《꿈》에 등장하는 여성의 이름이기도 하다. 반야가 우리 집에 처음 왔을 때 엄마가《꿈》을 읽고 있었고, '지혜'를 가지라는 뜻에서 즉흥적으로 이름을 반야로 지었다. 꽤 오랫

반야. 우리 집의 청견은 노견이 되어갔고, 중년의 부모는 노인이 되었다.

동안 채식주의견이 아닐까 싶을 정도로 반야는 고기에 무관심했다. 우리가 닭다리를 뜯든 수육을 삶아 먹든 아무 반응도 없었다. 그 대신 사람들이 과일을 먹거나 도마 위에서 채소를 썰 때면 눈을 초롱초롱 뜨고 앞다리로 벅벅 사람을 긁는다. 반야는 특히 사과를 좋아했다. 사과를 얇게 썰어서 주면 그 작은 입속에서 씹는 소리가 들렸다. 사각사각.

반야의 행동을 보면 신기하게도 인간이 도구를 사용해서 먹는 음식과 손으로 먹는 음식에 반응을 달리한다. 도구를 사용하는 식사는 인간의 식사지만, 찐 감자, 찐 고구마, 빵처럼 인간이 손으로 들고 먹는 음식은 개도 먹을 수 있다고 생각하는 듯했다. 물론 이는 반야에 대한 사랑으로 눈이 먼 나의 과잉 해석이라는 전제가 필요하다.

반야의 청견 시절, 동네에 늙은 시추가 있었다. 한쪽 눈은 안구가 없었다. 관절이 안 좋아서 다리는 휘었고, 털은 윤기가 없고 흰 수염이 났으며, 배와 가슴의 곡선은 두루뭉술했고, 여름에 털을 밀어내면 피부에 반점도 많이 보였다. 걸음걸이는 둔하고 사람이나 다른 개에게 보이는 반응도 활발하지 않았다. 외모 차별과 젊음 선호는 동물에게도 적용된다. 그 시추는 동네에서 산책 다니는 다른 개들보다 상대적으로 관심을 덜 받았다.

외모만 변하는 게 아니다. 늙은 개들은 사료에 물을 적셔주지 않으면 소화를 제대로 시키지 못해 토한다는 말을 들었지만, 어쩐지 반야와는 먼 이야기처럼 들렸다. 그때는 늙음이 지금보다 내 인생에서 더 멀리 있었다. 어느새 우리 집의 청견은 노견이 되었고, 중년의 부모는 노인이 되어가고, 나는 내가 기억하는 부모의 중년 모습을 지금의 나와 비교한다. 늙은 개 마음은 역시 같이 늙어가는 엄마가 잘 안다. 반야가 이제는 전보다 사람에게 덜 안긴다 했더니 개도 나이 들면 사람처럼 여기저기 쑤셔서 누가 만지는 게 귀찮을 거라고 한다.

몰티즈가 15년 정도 산다고 하니 반야는 언제 이 세상을 떠난다 해도 이상하지 않을 나이다. 사람으로 치면 여든이 넘었다. 아홉 살 때 한번 수술을 해서 자궁이 없지만, 사는 데 아무 지장이 없고 매우 건강하다. 반야는 여전히 잘 먹고 변도 좋다. 규칙적으로 산책하고 풀 냄새를 맡으면 기분이 좋아서 귀를 휘날리며 뛰고, 집에 오면 인형과 논다. 성질이 나면 짖고 문 앞에서 가족을 기다리는 모습도 한결같다. 자는 시간이 늘어났지만 생활 습관은 크게 달라지지 않았다.

다만 확실히 달라진 점이 있다. 반야의 사각거리는 씹는 소리가 이제 전처럼 선명하진 않다. 늙음의 신호였다. 반야의 이빨이 많이 빠졌다. 딱딱한 간식은 빻아서 주고, 개 사료에는 물을 약간 적셔준다. 부모님도 이제는 고기를 씹기가 불편해서 생선을 더 즐긴다. 그렇다면 혀는 어떨까. 나는 반야의 미각이 궁금해졌다. 알아낼 도리는 없다. 할머니가 70대 중반이 되었을 때, 소금 칠 음식에 설탕을 치고 맛이 안 난다며 설탕을 계속 쳤던 적이 있다. 눈도 침침한데 혀까지 늙으니 그런 일이 벌어졌다. 음식은 망했다. 늙으면 맛도 잃어버리는 줄 그때는 모르고 할머니가 요즘 왜 이리 정신없는 행동을 자주 할까, 조금 짜증스러워했다. 해주는 밥 얻어먹는 주제에. 때로 젊음은 이렇게 무지를 기반으로 늙음에 상처를 준다.

봄이 되면 여기저기서 꽃 사진을 본다. 땅에서는 싹이 나고 나무에는 꽃이 피는 봄. 북반구의 인간들이 옷의 무게를 줄여가듯, 털이 있는 짐승의 관점에서 봄과 여름은 짐승의 털이 가늘어지는 계절이다. 봄은 생동하는 이미지로 가득하다. 그래서 성매매를 '매춘賣春'이라 한다. 봄을 판다. 여성-자연에 대한 남성적 지배를 상징하는 언어다. 젊은 여성의 몸은 남성의 입장에서 생동하는 봄으로 여겨진다. 그럼 늙은 여성은? 동화 속에서는 주로 마귀할멈이다. 이가 다 빠진 늙은 여자는 마귀로 재현되어 왔다. 늙은 여성은 현자로 그려지지 않는다. 삶의 시간이 축적되어 이야기를 쌓는 존재로 여겨지기보다는 예쁜 외모를 '잃는' 존재로 여겨지는 동물과 여성. 인간의 타자이며 남성의 타자다.

반야가 열두 살 때 아침 산책길에서 열일곱 살 미니핀을 만난 적 있다. 열일곱 살까지 우리 반야도 건강하게 살 수 있을까. 비결이 뭔가요? 미니핀의 반려인은 확신에 차서 말했다. "우리는 황태를 먹입니다. 황태를 물에 데쳐 소금기를 빼고 먹여요." 진짜 황태가 개에 좋은지 알 수는 없지만, 그날 이후로 강원도 인제를 지나는 길이면 황태를 사다가 먹이곤 했다. 어쩌면 인간의 가장 강력한 욕심이라 할 수 있는 무병장수에 대한 욕심을 개에게도 투영하기 시작했다. 어리석은 욕심인 줄 알지만, 사람보다 수명이 짧은 동물과의 헤어짐을 준비하지 못해서다.

여태 함께 살던 개들과 마지막 인사를 한 적이 한 번도 없다. 잘 살았지만 잘 헤어지지 못했다. 나가서 놀다가 무슨 영문인지 모르게 사라진 개도 있고, 말썽을 부린다고 엄마가 팔아버린 개도 있다. 예전에 시골에서는 밖에서 놀다가 쥐약 먹고 죽은 개들도 있었다. 죽기 직전까지 마지막 힘을 쏟아 집으로 달려와 가족 앞에서 쓰러져 죽었다고 전해 들었을 뿐이다. 이번에는 꼭 마지막을 보고 싶다.

길에서 죽은 개를 근처 옥수수밭 옆에 묻어준 적이 있다. 요크셔테리어였다. 토하거나 피를 흘린 흔적도 없었다. 몸이 깨끗하고 목에는 줄도 달려 있었다. 사람의 돌봄을 꾸준히 받던 개였다. 무슨 일로 길에서 죽었는지 도무지 알 수 없었다. 가족을 찾을 수도 없고 사체를 그대로 둘 수도 없었다. 그때 처음으로 죽은 몸을 만졌다. 뻣뻣하게 굳어 있는 몸이 손끝에 전해졌다. 옥수수밭 옆에 흙을 파내고 작은 상자에 개를 넣어 묻었다. 나는 그 요크셔테리어가 옥수수가 되었을 것이라 믿는다. 브레히트의 시가 내 마음이 옳다고 위로해줬다.

짐승의 썩은 시체로부터 환호하면서/ 하늘로 자라 올라가는 나무를 찬양하라!/ 짐승의 썩은 시체를 찬양하고/ 이것을 먹어 없애는 나무를 찬양하고/ 또한 하늘도 찬양하라.

- 브레히트, 〈위대한 감사의 송가〉에서[51]

그래서 생각했다. 반야는 사과나무 밑에 묻어야겠다고. 그럼 반야가 좋아하는 사과가 될 것이다. 반야를 묻는 순간이 곧 반야를 심는 순간이 될 것이다. 내가 사과나무를 심을 장소를 확보할 때까지는 반야가 살아 있어야 한다.*

---

* 이 글은 2018년 5월에 썼다. 반야는 2019년 3월 25일 저녁 8시 20분 숨을 멈추었다. 반야는 떠나기 열흘 전부터 거의 씹지 못했다. 사료를 미숫가루처럼 갈아 물에 타주거나 사과즙을 주면 먹을 뿐이었다. 떠나기 이틀 전 마지막 식사를 했고, 하루 전까지 물을 겨우 마셨다. 25일 마지막 변을 보며 몸 안의 모든 것을 쏟아낸 뒤 숨을 거뒀다. 반야는 벚나무 아래에 묻혔다. 사과가 되지 않고 벚꽃과 버찌가 될 것이다.

소화기 내과 병동에서

18년 만에 비키니 수영복을 살 때다. 20대에 샀던 수영복을 오래 입었고 30대 중반 이후로는 수영복을 입을 일도 없었다. 매일 보는 내 몸이지만 수영복을 고르느라 피팅룸에서 잠시 입고 거울을 보니 어쩐 지 낯설었다. "어머, 효리 복근이야" 하며 내 배를 바라보던 친구의 목 소리가 아련하게 기억이 났다.

어떤 기준으로 내 배는 더 이상 아름답지 않다. '효리 복근'과는 거 리가 멀다. 나는 과거에 단단하고 매끈했던 내 배가 이제는 잘 기억나 지 않는다. 30대 후반에 개복수술을 했다. 가로로 수술 자국이 선명하 게 그어져 있고, 오른쪽 옆구리에는 지름이 2센티미터 정도 되는 흉터 가 있다. 그 사이에 이 몸에 익숙해졌다. 그런데 세련된 디자인의 비키 니 수영복을 걸치자 배 위에 그어진 흉터가 도드라졌다. 수영복 모델 은 물론이요, 개인이 SNS에 올리는 사진들 속에서도 흉터 있는 몸을 본 적은 없으니까.

여덟 살 때 신장염으로 한동안 병원에 입원해 있었다. 30대 후반

나는 다시 신장염 진단을 받고 파리의 한 병원에 누워 있던 중, 맹장이 터져 복막염이 되는 위급한 상황을 맞았다. 나는 그때까지 복막염이 뭔지도 몰랐다. 'péritonite'라는 단어도 그때 처음 알았다. 의사는 얼굴을 찡그리고 입으로 '피융–' 소리를 내며 손으로 내 몸의 장기가 터져서 뱃속이 엉망이 되었다는 표현을 했다.

우리 몸은 때로 통증을 통해 존재감을 드러낸다. 통증이 사라진 자리에는 흉터가 남는다. 흔히 수술을 '몸에 칼을 댄다'라고 한다. 맞는 말이지만 표현이 참 으스스하다. 수술 후 나는 사람의 몸과 병에 대해 타인이 하는 말 한마디 한마디가 예전처럼 들리지 않았다. 첫 번째 이별 후 누군가가 "깨졌다며?"라고 물었을 때 그 '깨졌다'는 말이 그야말로 내 귓가에 부닥치며 자음과 모음이 모두 부서지는 소리가 들리는 듯했다. 그처럼 나의 경험이 때로는 언어와 마찰을 빚으며 삐걱거린다. '칼을 댄다'는 말은 마치 몸의 아픈 부위를 도려내고 자르고 솎아낸다는 인상을 준다. 곧 '그 부위'의 문제에 머문다.

나는 수술 후 소화기 병동에 입원했다. 병실은 2인실이었다. 입원 환자들이 모두 소화기 쪽 수술 환자이다 보니 우리는 '먹을 수 있는 환자'와 '먹을 수 없는 환자'로 서로 병의 중함을 파악했다. 먹을 수 있는 환자면 다시 세 종류로 나눠서 정상적인 식사를 하는지, 제한된 음식을 먹는지, 아예 물 종류만 마시는지도 묻곤 했다. 세상에서 제일 부러운 사람이 정상적인 식사를 하는 사람이었다. 정상적인 식사를 하는 환자군은 가족들이 올 때도 이것저것 맛있는 음식을 싸들고 왔다. 나는 먹을 수 없는 사람이었고 커피 한 모금이라도 마실 수 있다면 소원이 없을 지경이었다.

눈과 귀를 제외하고 내 온몸의 구멍으로 플라스틱 호스가 드나들거나 피를 흘렸다. 나는 하필이면 수술 직전 생리를 시작했었고, 수술로 잠시 멈췄던 생리는 이틀 후 다시 진행되었다. 멀쩡한 옆구리도 구멍을 뚫어 비닐팩을 달아놓았고, 아침저녁으로 간호사가 커다란 주사기를 가져와 비닐팩 안의 주황색 액체를 빨아당겼다. 코를 통해 몸 안으로 깊숙이 연결된 호스가 커다란 기계와 연결되어 있었고, 오른쪽 팔에 꽂힌 주사기를 통해 항생제와 진통제, 물 등이 주렁주렁 연결되어 있었다. 흥, 애니메이션 〈공각기동대〉의 쿠사나키 모토코 같네. 나는 간병인의 도움으로 누워서 오줌을 누었고, 매일 아침 낯선 사람이 나를 일으켜 벌거벗긴 후 씻겼다. 몸의 안과 밖, 더러움과 깨끗함의 경계가 무너져 내렸다. 구멍과 구멍 아닌 곳, 들어오고 나가는 길이 모두 본래의 의미를 잃고 재구성되었다.

병원에서의 자기소개는 어디를 언제 수술했는지, 언제쯤 퇴원하는지를 묻는 것으로 시작했다. 외국에 사는 사람들이 만나면 서로 이민 생활이 얼마나 되었는지 묻듯이, 병원에서는 환자 생활이 얼마나 되었는지 알고 싶어 한다. 새로 오는 환자들은 예외 없이 "밥을 몇 시에 줘요?"라고 물었다. 나는 옆 사람이 세 번째로 바뀔 즈음, 어느새 장기 입원 환자가 되어 있었다. 병원의 간호사와 간병인이 교대하는 시간, 근무 날짜, 밥 주는 시간, 이들이 일하는 방식 등을 파악해갔고, 나는 이 세계에 나름 적응했다. 처음에는 간호사를 수시로 불렀으나, 나중에는 이만한 일로 부르면 혼난다는 정도는 알 수 있었다. 물론 걸어다닐 수 있게 되면서 어지간한 일은 사람을 부르지 않아도 되는 몸 상태가 되었다. 다만 창문을 닫을 수 없었고, 의자를 옮길 수 없었다. 너무 무거웠다.

각 병동마다 하나의 사회가 형성된다. 도리스 레싱Doris Lessing의 단편 〈자궁병동〉에는 유산한 여자, 자궁 절제 수술을 받은 여자, 낙태와 의료보험 문제를 따지는 여자 등이 모여 흐느끼고 짜증을 내고 또 위로한다. 더불어 아픈 여자들이 모여 있어도 처리해야 할 문제들이 있다. "집에 있는 행복하고 운 좋은 사람들이 잊어버리기 쉬운 식품들을 주문하려고 식료품 가게나 야채 가게에 전화를 했다. 그들은 자궁에 문제가 생겨 병원에 있었지만 정신은 딴 데 가 있었다."52

하루빨리 퇴원을 고대하던 나는 희한하게도 점점 병원에 적응했다. 병원에 적응이 된 결정적 계기는 밥이었다. 금식 기간이 지나 조금씩 먹고 마실 수 있게 되면서 편함을 맛보았다. 집에 챙길 가족이 없으니 〈자궁병동〉의 저 여자들처럼 식구들 밥걱정을 할 일도 없었다. 아침에 일어나면 머리에 백합을 꽂은 여자가 커피 줄까요, 차 줄까요 하고 묻는다. 병원에서 내가 유일하게 선택할 수 있는 영역이었다. 그전에 간호사가 내 피를 뽑으러 들르는 일은 영 귀찮기 짝이 없었지만. 아침을 든든히 먹는 나에게 프랑스식 아침 식사는 부실했지만, 남이 차려주는 식사는 그저 차 한잔도 맛있었다. 12시가 넘으면 점심이 도착하고 6시가 넘으면 저녁 식사가 차려진다. 뭘 먹을지 고민할 필요도 없다. 주는 대로 먹으면 된다. 끼니마다 흰 살 생선, 닭가슴살, 계란 오믈렛, 스테이크가 나왔다. 날마다 단백질과 당분이 몸에 쌓이며 상처받은 몸에 새로운 조직을 왕성히 만들어내는 기분이 들었다.

죽도록 아플 때는 살아난 것만으로도 감사했지만, 시간이 지나면 그 감사한 기억은 차츰 흐릿해진다. 나는 낯모르는 사람부터 가까운 사람에 이르기까지 많은 사람들의 손을 거쳐 어려운 순간을 지나왔다. 그때 내가 깨달은 것이 있다면, 남에게 신세지는 것에 대해 너무 결벽증적으로 어려워하지 말아야 한다는 점이었다. 거리를 두면서도 때로 우리는 침투할 수밖에 없는 관계를 맺고 산다. 내가 신세를 질 수도 있고, 나에게 신세 지는 사람도 있는 법이다. 엄마에게 물려받은 성격인지, 남에게 신세지지 않으려는 태도가 좀 강한 편이다. 나는 이를 조금씩 흐트러뜨리려 애쓴다. 영원히 젊지 않으며, 영원히 건강하지도 않다. 인간에게 환멸을 느낄 때도 있지만, 극적인 순간 나를 구출하는 존재도 인간이다.

입에서 항문까지 연결되어 있듯이, 사회 구성원들은 그렇게 연결된다. 몸의 기능이 재구성되듯이 관계도 끊임없이 재구성된다. 영원한 동지도 없지만 영원한 적도 없을 것이다. 곡식을 먹는 벌레, 벌레를 먹는 닭, 닭을 먹는 인간, 죽은 동물에게서 영양분을 빨아들이는 사과나무처럼 서로가 서로를 소화시키며 산다.

특수한 사람

TV에 양말 신는 일을 도와주는 보조기구 광고가 나왔다. 처음에는 '별 게 다 있네' 생각하다가 이내 깨달았다. 관절염이 있거나 고도비만인 경우는 다리를 접고 몸을 숙여 손으로 양말을 신는 그 간단한 행동조차 어렵다는 사실을. 쉰 살 즈음 엄마는 오십견 때문에 한창 팔과 어깨가 아팠고 제대로 구부리거나 꺾을 수 없었다. 식구들이 아무도 없는 시간, 뒤에서 지퍼를 올리는 원피스를 혼자 입기 위해 온몸을 비틀다 그만 울어버렸다. 인간이 온전히 제 몸으로 일상을 모두 해결하는 시기는 생각보다 길지 않다.

어린 조카와 외식을 하면서 아이 몸을 기준으로 외식 공간을 살피다 보니 비로소 내 눈에 들어온 사실이 있었다. 식당이라는 공간은 대부분 건강한 성인을 기준으로 만들어졌다는 것. 한국 식당 중에는 바닥에 앉아 먹는 식당이 많은데, 휠체어를 탄 사람들은 어떻게 들어오지? 아니다. 일단 집 밖으로 나와 대중교통을 이용하기가 힘들어서 식당까지 오지도 못한다. 맛집을 찾는 사람들이 늘어나고 외식산업이 아무리 다양해져도, 장애인들의 외식 기회는 적다. 아주 기본적인, 먹고 이동하는 자유가 가로막혀 있다. 장애인은 말할 것도 없고, 한국의 공공장소는 보행보조기를 끌고 다니는 노인, 유모차가 필요한 어린아이 같은 교통약자가 등장하기 어려운 곳이다. 더욱이 오늘날은 '민폐'라는 이름으로 타인을 차단하는 태도를 마치 세련됨으로 착각하는 경향이 있다. 우리는 조금씩 침투하고 기대며 서로 섞이고 살아가기 마련인 것을.

자주 가는 카페에서는 십여 명의 사람들이 가끔 모임을 갖는다. 테이블을 끌어다가 이어 붙이고 둘러앉는 모습을 보며 처음에는 곧 시끄러워지겠구나 생각했다. 어느 순간 왜 이렇게 조용하지 싶어 고개를 들어보니, 그들은 입을 열지 않고 손을 바쁘게 움직일 뿐이었다. 수화를 사용했다. 단순한 친목은 아니고, 정기적으로 어떤 회의나 공부를 하는 모임처럼 보였다. 소리를 내지 않는다면 그들은 어떻게 주문을 할까. 한 번도 생각지 못한 질문이 찾아왔다. 그리고 알게 되었다. 청각장애인들은 벽에 붙어 있는 메뉴보다 '손에 쥘 수 있는' 메뉴판을 선호한다는 사실을. 자신이 주문할 메뉴를 손가락으로 정확하게 지시할 수 있기 때문이다. 더불어 또 질문이 찾아왔다. 그럼, 청각장애나 언어장애가 있다면 전화로 배달 주문은 어떻게 할까. 아, 나는 딱히 선호하지 않는 스마트폰 앱이 누군가에게는 배달 음식에 접근성을 높이는 유용한 도구이겠구나. 기술의 진보는 사회의 취약한 면을 위해 쓰일 때 빛이 난다.

나는 대체로 오른손잡이지만 몇 가지를 왼손으로 한다. 예를 들어 식사할 때 가끔 젓가락질을 왼손으로 한다. 그러면 누군가가 "젓가락질을 왼손으로 하네"라면서, 어릴 때 고쳐준 사람이 없었던 모양이라고 한다. 아마 왼손 사용은 '가정교육의 문제'라고 생각하나 보다. 또 나는 덧니가 하나 있다. 어떤 사람은 덧니를 보고도 가정교육이 제대로 안 된 탓이라고 했다. 이렇게 극히 사소한 부분을 놓고도 어떤 부정한 원인을 찾으려 한다. 그러니 사회적으로 '장애'라고 아예 규정된 몸에 대한 의식이 부정적인 것은 이루 말할 나위가 없다.

여성들은 장애아를 낳으면 임신 중에 뭘 잘못 먹었나 생각한다. 물론 그런 경우가 있다. 그러나 이런 생각의 배경에는 장애를 '원죄'와 연결 짓는 의식이 깔려 있다. 부정한 음식을 먹었기에 죄를 가진 몸으로 태어났다고 생각한다. 장애는 예로부터 '조상의 죄'나 '전생에 지은 죄'로 여기는 '문화'가 있었다. 예를 들어 《장화홍련전》에서 허 씨는 장화를 호수에 빠뜨렸는데, 그의 아들 장쇠가 벌로 호랑이에게 물려 양쪽 귀와 팔 한쪽, 다리 한쪽을 잃는다. 부모의 죗값을 치른 셈이다. 그래서 가족 중에 장애인이 있으면 집안의 수치처럼 여기며 장애인 가족은 죄인의 심정을 갖곤 했다. 문학을 기준으로 장애인에 대한 인식을 살펴보면, 한국전쟁 이후로 '장애-죄'라는 인식이 그나마 조금씩 바뀌었다. 전쟁을 통해 후천적 장애인이 된 사람들이 많아졌기 때문이다.

미국 드라마 〈파고Fargo〉의 시즌 1과 3에 청각장애인 킬러가 등장한다. 많이 나오지 않아도 인상이 강하게 남아 배우의 필모그래피를 찾아보다가 발견했다. 그는 실제로 청각장애인이었다. 날씬한 배우를 온갖 특수분장의 힘으로 뚱뚱하게 만들어 '뚱뚱한 여자'를 연기하게 만들듯이, 대부분 장애인 연기도 비장애인이 하다 보니 그가 실제로 청각장애인이라고는 미처 생각지 못했다. 예술 작품이 장애를 재현하는 방식에서 정작 장애'인'은 주체가 되지 못한다. 그보다는 '장애를 극복한 서사'를 통해 비장애인은 제 삶의 위로와 교훈을 얻으려 한다. 물론 노인만이 노인 연기를 하는 것은 아니듯, 당연히 비장애인도 장애인을 연기할 수 있다. 장애를 연기하는 몸에 대한 찬사와 실제 장애라고 규정된 몸을 향한 시선 사이에 숨어 있는 이야기를 생각해보자는 뜻이다.

대체로 소설에서 장애인들은 직업이 없고, 타인에게 멸시의 대상이거나 자기혐오가 강하다. 그렇지 않으면 순수한 정신적 존재로 비장애인을 비추는 거울 역할을 한다. 남성의 몸과 달리 여성 장애인의 몸은 섹슈얼리티의 대상이 된다. 우리 사회의 현실을 반영하는 측면도 있겠으나, 비장애인 작가가 장애인의 몸을 대상화하는 한계를 벗어나지 못한 탓이다. 작가 자신이 장애가 있고 장애인 인권운동가로 활동하는 김미선이 1996년 발표한《눈이 내리네》는 결이 다른 소설이다. 장애인 부부의 일상과 장애 여성의 글 쓰고 싶은 욕망을 다룬다. 이후 발표한 작품에서 김미선은 '장애'라는 몸에 대한 사유를 점차 발전시켜간다.

몸에 대한 오만함은 늙은 몸, 장애가 있는 몸, 덜 자란 몸을 멸시한다. 소설《몸의 일기Journal d'un corps》를 읽으며 생각했다. 화자는 지적인 이성애자 남성이다. 게다가 잘생겼다고 한다. 아마 작가 자신이 가장 잘 아는 몸을 썼을 것이다. 육체노동을 하는 사람이 몸의 일기를 쓴다면, 여성이 몸의 일기를 쓴다면, 성 소수자가 몸의 일기를 쓴다면, 장애인이 몸의 일기를 쓴다면 …… 직업, 젠더, 장애 정도에 따라 몸은

조세 리페랭스, 〈성 세바스티아노의 묘를 찾은 순례자들Pilgrims at the tomb of St. Sebastian〉(1497). 가운데 인물은 한쪽 다리가 의족이다. 그는 '순례자'다. 우스꽝스럽거나 비천하지 않게 장애인을 묘사한 작품은 드물다.

다른 역사를 만들어간다. 걷지 않는 다리, 보지 못하는 눈, 말 없는 목소리에도 이야기가 있는 법이다.

장애 학생들이 바리스타로 일하는 카페에 들른 적 있다. 강원도 교육연수원에 약속이 있어서 갔다가 알게 되었다. 나도 어릴 때 봐왔던 강릉 오성학교 학생들이 카페에서 일하고 있었다. 오성학교는 강릉의 공립 특수학교다. 늘 스쿨버스로 이동하는 모습만 보았기 때문에 그들은 마주칠 일이 없는 '특수' 학생이었다. 마주치지 않으니 타인의 삶을 잘 모르고 살아간다. 저상 버스는 물론이고 공연장의 수화통역사, 안내견과 함께 카페에서 홀로 커피를 마시는 사람이 특수하지 않은 환경에 자꾸 노출되다 보면 '정상'이니 '일반'이니 하는 개념들이 바뀌기 마련이다. 특수학교를 반대하는 특정 지역 주민들을 악마화할 것이 아니라 공공의 영역에서 풀어야 할 숙제다. 더불어 창작자는 늘 재현의 윤리를 고민해야 한다.

카페라떼 하나 주세요. 고교 과정을 마칠 때가 된 듯 보이는 젊은 남성이 큰 소리로 또박또박 내가 주문한 음료를 재확인했다. 카페라떼 하나요? 잠시 후 내 자리로 성큼성큼 걸어와 "카페라떼 나왔습니다"라고 높은 톤으로 말하며 음료를 주었다. 아무것도 특수하지 않다.

나바호 타코를 먹으며

식당에서 밥을 먹고 계산을 하려는데 계산서에 평소보다 긴 세금 목록이 보였다. U.S. 세금, 나바호 세금, 나바호 2퍼센트 세금, 이렇게 총 세 종류의 세금이 내가 먹은 밥값에 들러붙어 있었다. U.S. 세금은 원래 붙는 세금이고, 나바호 세금은 여기가 나바호 자치구니까 따로 붙나 보나 생각했다. 그러나 나바호 2퍼센트 세금은 아무리 계산서를 노려봐도 도대체 뭔지 알 수 없었다. 뭘 알고 돈을 내야지 싶어 직원에게 물어보았다. 나바호 2퍼센트 세금이란 뭔가요? 직원이 말하길, 정크푸드에 매기는 세금이라고 한다. 정크푸드? 내가 먹은 음식에 정크푸드가 있다고? 그는 정확한 식재료를 명시하지 않은 채 얼버무려 말했다. 아마도 곁들여 나온 감자튀김이 정크푸드겠거니 생각한다. 정크푸드인 줄도 모르고 먹었는데 세금까지 추가로 붙어 나오니 괜히 속은 기분이 들었다. 그러면서 한편으로, '아, 이게 그거구나' 알아챘다.

미국 애리조나주 북부에는 나바호 자치구Navajo Nation가 넓게 자리하고 있다. 나바호는 미국 토착민의 한 부족 이름으로, 자치구는 그들

나바호 자치구에서 먹은 전통음식인 나바호 타코

고유의 문화를 보존하며 살도록 정부에서 지정한 구역이다. 백인의 '서부 개척'은, 토착민들에게는 계속 서쪽으로 밀려나면서 학살당한 역사다. 뒤늦게 '보호'한답시고 토착민의 자치구를 곳곳에 만들어서, 각 부족은 미국 내의 또 다른 국가처럼 보호인 듯 고립인 듯 살아간다.

　그 전날 나는 존 포드John Ford 영화의 촬영지로도 유명한, 기막힌 암석이 거대하게 펼쳐진 모뉴먼트밸리의 호건hogan에서 하룻밤을 잤다. 호건은 흙으로 지은 나바호의 전통 가옥이다. 호건의 주인인 로절린이 만들어준 그들의 전통음식 나바호 타코와 허브차를 사이에 두고, 해가 서서히 질 때부터 새까만 하늘에 별이 빽빽하게 보일 때까지 그들의 이야기를 들었다.

　이곳에는 물도 전기도 없어서 제대로 씻기 어렵고, 실내에는 등유

램프를 켰으며, 화장실은 당연히 재래식이다. 딱히 이들의 전통 가옥에 관심이 있었다거나 미국 원주민의 전통 생활을 체험하겠다는 적극적인 의지가 있었던 것은 아니다. 주인이 제공한 제한된 물로 양치질도 어렵게 해야 하는 호건에서 굳이 하룻밤을 묵은 이유는 그저 숙박료가 상대적으로 저렴해서였다. 주변을 아무리 찾아봐도 저렴한 숙박시설이 없었다. (이 호건조차 다른 지역의 일반 모텔보다는 비쌌다.)

호건은 천장에 구멍이 뚫려 있어 바깥공기와 연결되어 있다. 비가 오면 당연히 뭔가 덮겠지 했는데 아니었다. 로절린에 따르면 그들은 자연과의 연결, 순환을 중요시하기 때문에 어떤 날씨에도 호건의 지붕은 구멍이 뚫려 있는 상태를 유지한다고 했다. 비가 오면 오는 대로, 바람이 불면 부는 대로, 그렇게 그냥 두는 것이다. 바닥도 어떠한 마감 처리가 되어 있지 않아 그냥 모래 바닥이었는데, 그 모래 바닥의 쓸모가 조금 이해되었다. 모래 위로 빗물이 떨어지면 물이 땅속으로 흡수될 테니까. 게다가 강우량이 그리 많은 곳은 아니다. 이 호건은 여성형과 남성형이 있고, 내가 머문 호건은 여성형이었다. 임신 기간 9개월을 상징하는 9개의 기둥이 있었다. 역시 자연과의 조화를 중요시해서 아침 해를 받기 위해 문은 항상 동쪽으로 낸다고 했다. 비평가 폴라 건 앨런Paula Gunn Allen이 말한 "우리는 땅이다We are the land"라는 토착민의 가치관이 전달되는 가옥이었다.

실은 호건에서 자는 날, 나는 흙바닥에 앉아 밤하늘의 총총한 별을 보며 캔맥주나 한잔하려는 나름 야심찬 계획을 품고 있었다. 우뚝우뚝 솟아 있는 거대하고 붉은 암석 기둥을 보며, 20대에 지리산에서 보았던 보석 같은 별빛을 다시 만나 건배를 하리라, 꿈을 꾸고 있었다. 이

나바호 전통 가옥인 호건

는 뭘 모르는 어리석은 자의 헛된 소망이었다. 기네스 맥주와 버터구이 오징어까지 아이스박스에 챙겨 갔는데, 술은 한 방울도 마시지 못했다. 모뉴먼트밸리는 나바호인들에게 신성한 장소라서 음주를 금한다고 했다. 대신 나바호 허브차를 여러 잔 마셨다. 직접 채집해서 말렸다는 허브차의 향이 좋아 나는 더 달라고 여러 번 컵을 들이밀었다.

원주민들은 여전히 자신들의 언어를 사용하지만 전통문화는 점점 보존하기 어렵고, 자치구 바깥으로 떠난 젊은 세대들과 문화적 갈등을 겪는다. 세대 간 갈등을 해결하기 위해 〈스타워즈〉나 〈니모를 찾아서〉 같은 대중적인 영화를 나바호 언어로 더빙해 어린아이들에게 보여주기도 한다. 이러한 방식으로 문화를 보존하면서도 소외되지 않는

정책을 펴고 있다. '전통'은 자신들의 문화를 훼손시킨 백인의 지배에 저항하는 도구이지만, 한편으로 그들의 자치구에서는 '전통'이라는 이름 아래 여전히 남성 중심의 삶이 유지된다. 자치구의 정치는 압도적으로 남성이 맡고 있다. 신화 속에 '여신'이 많다고 여성의 삶을 존중하진 않는다.

이 나바호 자치구에서 정크푸드에 세금을 추가하고, 공식적으로 음주를 금하는 데는 사회적 맥락이 있다. 정크푸드에 세금이 따로 붙는 이유는 미국 원주민의 비만율이 높기 때문이다. 이는 문화와 식습관의 차이 때문이기도 하지만, 대체로 경제력과 교육 수준과 관련이 있다. 원주민 성인의 비만율은 백인보다 1.6배 이상 높고, 모든 원주민의 33퍼센트가 비만에 시달린다. 특히 소아비만율은 미국 내에서 가장 높다. 10세 이전의 어린이 40~50퍼센트가 과체중이거나 비만에 속한다. 비만은 미국 원주민, 흑인, 히스패닉, 백인, 아시아인 순으로 나타난다.

비만과 함께 소외계층의 문제 중 하나는 알코올 중독이다. 보호구역 내에서 카지노를 운영하거나 공예품을 파는 등 관광업이 주요 소득원인 원주민은 미국 내에서 소수자 중 소수자다. 원주민에게 가한 학살의 역사는 미국 사회에서 이들을 경제적·사회적·문화적으로 소외시켰다. 자연스럽게 대학 진학률과 취업률이 떨어졌고, 값싸게 먹을 수 있는 정크푸드 소비가 늘어났으며, 술과 마약에 의존하는 사람들이 많아 비만과 알코올 중독이 심각한 문제로 떠올랐다.

가끔 '인디언'의 정신세계와 문화에 대한 낭만적인 유통을 보면 어딘가 석연치 않다. 낭만적으로 유통되는 문화는 대체로 원거리 풍경

나바호 자치구에서 아침으로 먹은 블루콘 죽

이다. 과거를 기억할 필요가 없는 입장이거나, 내 현실과 멀리 있는 장
소에서 벌어지는 일을 바라보는 태도다. 시간적·공간적으로 내게서
멀어질수록 낭만화된다. 실재는 주로 미개한 야만과 신성한 낭만 사
이에 있다.

　미국의 지성인 너새니얼 호손Nathaniel Hawthorne이나 허먼 멜빌Herman
Melville의 작품에서도 미국 원주민에 대한 타자화는 피해가기 어렵다.
레슬리 마몬 실코Leslie Marmon Silko처럼 토착민 출신 작가가 직접 쓴《이야기꾼Storyteller》이나《의식Ceremony》은 백인 중심의 시각을 전복시키는 대표적인 작품으로 영문학에 대한 일종의 '저항'이었다. 푸에블로 Pueblos 원주민 출신인 그는 식민 이전의 원주민 문화를 순수하게 설정하지 않았고, 어느 특정 문화를 우위에 두지도 않았으며, 문화의 잡종성을 인식했다. 전통 빵으로 만든 전통 음식이라고 하는 나바호 타코도 1864년 서쪽으로 강제 이주를 당하는 과정에서 만들어진 음식이다. 전통은 꾸준히 흐르고 변형된다.

화장실도 제대로 못가고 발은 물수건으로 닦는 등 익숙지 않은 하룻밤이었으나, 나는 완전히 곯아떨어져서 푹 자버렸다. 허브차 덕분인가. 다음날 아침에는 블루콘으로 만든 죽 같은 음식이 나왔다. 신성하다는 장소에서 깨끗한 음식만 먹었으니 안 씻어도 깨끗하다고 믿고, 부산스러운 내 정신 상태도 어딘가 좀 정화가 되었길 바라며.

에필로그

할머니들을 위하여

"콩나물과 숙주도 구별 못하던 네가 대체 뭘 만들어 먹고살까. 난 그게 궁금해. '괴식'을 먹고 사는 거 아냐?" 친구의 전화. 그는 숨이 넘어가게 깔깔 웃는다. 나도 잊고 있던 기억을 되살려낸다. 그랬구나. 아, 그랬지. 내가 숙주와 콩나물도 구별 못하던 때가 있었지.

십수 년 전 할머니의 첫 제삿날이었다. 제사상에 잡채가 올라왔다. 웬 잡채? 엄마가 말하길, 할머니가 잡채를 좋아했다고 한다. 맞다. 대학 다니면서 나는 할머니가 해주는 밥을 많이 먹었다. 밥상에 잡채가 자주 올라왔다. 할머니가 만들던 잡채는 당면에 콩나물인지 숙주인지를 넣은 단순한 잡채였다. 할머니는 아무것도 넣지 않고 콩나물 혹은 숙주만 넣은 잡채를 심심하게 만들어 양념간장에 찍어 먹길 좋아했다. 당시에 나는 그저 주는 대로 먹기만 할 뿐 식재료나 요리에 아무 관심이 없을 때라 콩나물과 숙주도 구별하지 못했다. 콩나물과 숙주 얘기만 나오면 할머니의 잡채가 생각난다.

제사는 싫어도 할머니들에게는 어쩐지 제삿밥이라도 꼭 챙겨야 할 것 같다. 살아서는 남들 밥만 챙겨주던 할머니는 죽어서야 편히 밥상을 받는다. 할머니는 돌아가시기 몇 년 전부터 엄마만 보면 손을 잡고 울었다. 결혼해서 보니 자신은 며느리로서 식구들 생일 밥상을 계속 차리는데 정작 며느리에게 아무도 생일 밥상을 차려주진 않더라고. 그래서 나중에 자신은 며느리가 생기면 꼭 생일 밥상을 차려줘야겠다 다짐했단다. 할머니가 밥을 해준 적은 많았다. 그러나 할머니는 '생일 밥상'에 따로 의미를 두었다. 할머니의 소망은 이루어지지 않았다. 엄마 생일은 초여름인데 엄마와 할머니는 그 시기에 만난 적이 없다. 서로 다른 도시에 살면서 주로 방학 때 만나다 보니 늘 할머니가 차려주고 싶은 '며느리 생일 밥상'은 미뤄졌다. 나중에는 너무 늙어서 해줄 수가 없었다. 혀는 맛을 잃었고, 말도 잘 안 들리고, 눈도 잘 안 보이고, 정신도 들락날락하면서 앞에 사람을 두고도 누구인지 물었다. 누구고, 에미예요, 에미라고? '에미' 소리를 들으면 그때부터 운다. 내가 에미 생일상을 차려주려 했는데…….

엄마의 생일날. 엄마는 뷔페가 좋다고 했다. 더 근사한 요리를 먹자고 해도 엄마는 그냥 뷔페가 좋단다. 가위질도 불 조절도 할 필요 없고, 누구의 수발도 들 필요 없이 마음대로 골라 먹는 뷔페. 식구들 입맛 신경 쓸 필요 없이 엄마 입맛에 맞는 음식으로 마음껏 먹을 수 있는 뷔페. 닭다리나 전복을 양보할 필요도 없는 뷔페. 어디에서 뭘 먹어도 습관적으로 엄마는 집게나 가위, 국자 등을 들고 식구들에게 음식을 퍼주고 있다. 더 귀하고 맛있는 음식일수록 다른 식구에게 퍼준다. 뷔페식당에서 어마어마하게 많은 양을 먹는 엄마를 보고 깜짝 놀랐다. 이제는 할머니로 불리는 엄마를 보며 내 할머니 생각이 더욱 깊어진다.

할머니는 생전에 가끔 담배를 피웠다. 가족들에게 들키지 않으려고 몰래 숨어서 피웠다. 제발 숨어서 피우지 말고 그냥 피우시라고 아버지가 아무리 말해도 할머니는 대놓고 담배를 피우지 못했다. 늘 "이제 안 핀다"고 하며 흡연을 숨기려 했다. 할머니들에게 '나'는 있었던가. 취향이라는 것을 누렸을까. 집안에서 사치하다는 평을 듣는 할머니가 한 분 있다. 사치하다는 그 할머니조차 아흔이 가까운 나이에도 여전히 장과 술을 담가 주변에 나눠준다. 난 그 할머니가 과하게 욕을 먹는다고 생각한다. 여자가 남을 위해 먹거리를 퍼주는 건 당연한데, 자기 자신을 위해 옷을 사면 사치해진다.

여자의 입은 '2등 입'이라 말도 없어야 하고 덜 먹어야 한다. 입은 묵묵하고 손은 바쁘던 할머니들. 엄마 쪽 할머니와 달리 아빠 쪽 할머니는 다행히도 입이 묵묵하진 않았다. 말하기를 좋아하는 성격이었다. 이런저런 이야기도 잘하고 '아는 소리'도 잘했다. 사람들은 '문자 좀 쓰시는' 어르신이라고 했다. 좋게 말할 때는 문자 좀 쓰면서 이야기를 잘한다고 하지만, 때로는 노인네가 너무 아는 척한다고도 했다. 나중에 돌이켜 생각해보니 '문자 쓰고 말 많은' 할머니에 대한 시선도 성차별이다.

대학생일 때 한 달 동안 병원에서 할머니 병 수발을 든 적이 있다. 변기에 할머니의 대변을 버리던 순간 역하게 올라오던 그 느낌이 지워지지 않는다. 그 역한 경험은 할머니에게 밥도 못해준 미안함을 아주 약간 감해주었다. 할머니의 배설물을 처리한 뒤 휴게실에서 혼자 컵라면을 먹는데 식탁과 화장실의 거리가 생각보다 참 가깝다는 생각이 들었다. 할머니는 시신 기증으로 모든 것을 주고 갔다. 할머니의 몸

가에타노 벨레이, 〈할머니와 손녀Grandmother and Child〉. 많은 할머니들이 가정에서 유모, 요리사, 산파, 이야기꾼 역할을 해왔다.

은 누군가의 삶을 위해 쓰였을 것이다. 살아서는 평생 가족을 먹이고 죽어서는 낯모르는 사람들을 위해 몸을 제공했다.

　수년 전 낙산사 가는 길에 사마귀를 옮기는 개미떼를 본 기억이 떠올랐다. 수백 혹은 수천 마리의 개미가 바글바글 모여 죽은 사마귀를 이동시키고 있었다. 마치 커다란 상여를 지고 이동하는 장례 행렬 같았다. 어쩌면 그 사마귀는 개미들의 만찬 식탁에 놓일지도 모른다. 장례식인지 만찬 회동인지 알 수 없는 그 개미떼의 행렬을 보며 생각했다. 어차피 먹는다는 건 매번 장례식이구나. 내 식탁은 늘 다른 누군가에게 는 장례식인 셈이다. 내 삶은 누군가의 죽음을 흡수하며 지탱한다.

집에서는 부엌이 바로 삶과 죽음이 공존하는 공간이다. 인간의 먹이가 된 물고기, 부위별로 이름 붙은 채 살덩이로만 존재하는 동물들. 할머니들은 여전히 그 공간의 싱크대 앞에 서 있다. 남성의 부엌 진출이 더딘 사회에서 집 안과 집 밖의 이중노동을 껴안고 사는 여성들은 할머니들이 없으면 어찌 살까 싶을 정도다. 사회의 진보 속에서 여성의 노동은 다른 여성에게 전가된다. 여성 노인의 집안 노동은 부뚜막에서 싱크대로 이동했다.

부엌은 예로부터 하대하는 공간이었지만, 언제나 중요했다. 오늘날과 같은 난방시설이 갖춰지기 전 부엌은 음식뿐 아니라 집 안의 난방도 담당했다. 부엌은 음식을 만드는 공간이자 불을 다루는 공간이다. 부엌을 지키는 조왕신은 불의 신으로도 불린다. 곧 집 안의 공기를 덥히고 사람의 마음도 덥히는 공간이다. 부엌은 집의 심장이다. 가족 구성원이 골고루 드나드는 공간이어야 관계의 순환이 원활하다. 어느 한 사람이 부엌이라는 공간에 과하게 머물고 있다면, 식탁에 편히 앉는 사람이 정해져 있다면, 집안의 관계는 어디에선가 막히기 마련이다.

먹는 입, 말하는 입, 사랑하는 입의 권리를 생각하는 정치적인 식탁은 누구든 환대해야 한다. 배고픔을 해결하는 동물적 존재에서 말하는 권리를 가진 정치적 인간으로, 나아가 타인과 온전히 관계 맺을 수 있는 사랑하는 인간으로 살아갈 권리는 모두에게 있다. 구속당한 입들의 해방이 권력의 구조를 흔들 것이다.

주

1   버지니아 울프,《자기만의 방》, 이미애 옮김, 민음사, 2006.

2   시몬 드 보부아르,《제2의 성》, 조흥식 옮김, 을유문화사, 1993, 111쪽.

3   앞의 책, 300쪽.

4   캐럴 J. 아담스,《육식의 성정치》, 류현 옮김, 미토, 2006, 66쪽.

5   홍성민,《취향의 정치학》, 현암사, 2012, 167쪽.

6   리처드 호가트,《교양의 효용》, 이규탁 옮김, 오월의 봄, 2016, 65~66쪽.

7   고정희,《고정희 시전집 1》, 또하나의문화, 2011.

8   허균,《성소부부고 5》, 민족문화추진회, 2006.

9   카를 마르크스와 예니 마르크스 부부의 하녀였던 헬렌 데무스는 1851년 아들 프
    레더릭 데무스를 낳았다. 데무스는 아이 아버지가 누구인지 말하지 않았으나, 당
    시 사람들은 누구나 마르크스의 아이라고 믿었다. 데무스는 엥겔스의 반려자가
    사망하자 엥겔스의 하녀가 되어 엥겔스를 돌보았다. 사후 마르크스의 가족묘에
    안장되었다.

10 독일 독립사회민주당 정치인이며 마르크스주의 이론가 카를 카우츠키Karl Kautsky
    와 결혼했다. 카우츠키와 별거 상태일 때 엥겔스가 혼자 살자 동료들은 루이제 카
    우츠키가 엥겔스를 돌보도록 지정했다.

11 다마이 시게루,《엥겔스의 아내》, 정석암 옮김, 친구, 1989; 권현정,《마르크스주
    의 페미니즘의 현재성》, 공감, 2002.

12 데버러 A. 해리스 · 패티 주프리,《여성셰프 분투기》, 김하현 옮김, 현실문화, 2017,

269~270쪽.

13 앞의 책, 129쪽.

14 앞의 책, 321쪽.

15 마르틴 루터, 《탁상담화》, 이길상 옮김, CH북스, 2005, 420쪽.

16 앞의 책, 520쪽.

17 앞의 책, 269쪽.

18 크리스티네 브뤼크너, 《데스데모나, 당신이 말을 했더라면》, 전옥례 옮김, 현실문화, 2003, 52쪽.

19 앞의 책, 56쪽.

20 낸시 폴브레, 《보이지 않는 가슴》, 윤자영 옮김, 또하나의문화, 2007, 72쪽.

21 앞의 책, 109쪽.

22 앞의 책, 73쪽.

23 앞의 책, 107쪽.

24 로빈 월쇼, 《그것은 데이트도 썸도 아니다》, 한국성폭력상담소 부설연구소 옮김, 일다, 2015, 273쪽.

25 2017년 대통령 후보였던 유승민 의원의 딸 유담 씨는 아버지의 선거를 돕기 위해 지지자들과 사진 촬영을 했다. 이때 한 남성이 사진촬영 중 유담 씨를 성추행하는 사건이 발생했다.

26 윤효원, 〈여자는 '한 끼' 식사, 남자는 바로 쫙 죽였다〉, 《프레시안》, 2015.4.7.

27 밴드 쏜애플의 멤버 윤성현이 가수 오지은의 음악을 비판하며 "음악에서 자궁 냄새가 나면 듣기 싫어진다"고 사석에서 발언한 사실이 2016년 폭로된 적 있다.

28 문성근이 2017년 6월 트위터를 통해 탁현민을 응원하며 한 발언이다.

29 2016년 탄산수 브랜드 페리에와 한국예술종합학교의 협업으로 만든 광고가 여성 살해를 암시해서 논란이 되었다.

30 스티븐 호킹, 《스티븐 호킹의 블랙홀》, 이종필 옮김, 동아시아, 2018.

31 시몬 드 보부아르, 《제2의 성》, 123쪽.

32 마리아 미즈, 《가부장제와 자본주의》, 최재인 옮김, 갈무리, 2014, 170쪽.

33 나혜석, 《조선여성 첫 세계일주기》, 가갸날, 2018, 148쪽.

34 바버라 에런라이크, 《노동의 배신》, 최희봉 옮김, 부키, 2012년, 120쪽.

35 〈식당여성노동자 30% "가족식사 못해요"〉, 《한겨레》, 2013.3.7.

36 프레더릭 더글러스, 《미국 노예, 프레더릭 더글러스의 삶에 관한 이야기》, 손세호 옮김, 지만지, 2014, 137쪽.

37 존 버거, 《본다는 것의 의미》, 박범수 옮김, 동문선, 2000, 149쪽.

38 "수도권의 파리바게뜨 가맹점에서 일하는 20대 여성 제빵기사 ㄱ씨는 점심을 거른 채 케이크 만들기 위한 준비에 들어갔다. 새벽 6시에 출근해 빵 800~1000개를 굽고 난 상태지만, 3월부터 케이크 생산 시간이 오후 1시 30분 이전으로 30분 이상 앞당겨져 편의점에서 허기를 때울 시간도 사라져버렸다. 새벽에 출근하느라 아침도 거른 ㄱ씨가 점심도 못먹고 일을 하는 이유는 무엇일까?" 〈파리바게뜨 회장 한마디에… 제빵사들 "화장실 갈 시간도 없어요"〉, 《한겨레》, 2017.6.27.

39 매튜 데스몬드, 《쫓겨난 사람들》, 황성원 옮김, 동녘, 2016, 299쪽.

40 봉준호 감독의 영화 〈옥자〉에서 주인공 미자는 슈퍼 돼지 옥자를 구하기 위해 목숨 걸고 미국까지 간다. 할아버지가 닭백숙을 해놓고 미자에게 "니가 좋아하는 닭백숙 했다"고 말하는 장면이 있다. 닭과 미자는 특별히 교감하는 사이가 아니지만 슈퍼 돼지 옥자와 미자는 친구 관계이며, 가족이기에 미자는 옥자를 구하기 위해 위험을 감수한다.

41 사라 에번스, 《자유를 위한 탄생: 미국 여성의 역사》, 이화여자대학교 출판문화원, 1998, 310쪽.

42 앞의 책.

43 안진, 〈5·18 광주항쟁에서 여성 주체들의 특성〉, 《젠더와 사회》, 6권 1호, 2007, 41~74쪽.

44 고정희, 〈광주민중항쟁과 여성의 역할〉, 《월간중앙》, 5월 호, 1988.

45 린다 맥도웰, 《젠더, 정체성, 장소》, 여성과 공간 연구회 옮김, 한울, 2017, 306쪽.

46 같은 책, 373쪽.

47 코델리아 파인, 《젠더, 만들어진 성》, 이지윤 옮김, 휴머니스트, 2014, 119쪽.

48 '짐 크로 법'은 1876~1965년 미국에서 시행된 인종분리정책이다.

49 수전 캠벨 바톨레티, 《하얀 폭력 검은 저항》, 김충선 옮김, 돌베개, 2016, 93쪽.

50 카롤린 엠케, 《혐오 사회》, 정지인 옮김, 다산초당, 2017, 153쪽.

51 베르톨트 브레히트, 《살아남은 자의 슬픔》, 김광규 옮김, 한마당, 2004.

52 도리스 레싱, 〈자궁병동〉, 《런던 스케치》, 서숙 옮김, 민음사, 2003, 81쪽.

도판 출처